Rob Parsons

Erfolg auf ganzer Linie

7 Prinzipien, wie man beruflich weiterkommt, ohne privat auf der Strecke zu bleiben

GERTH MEDIEN

Die englische Originalausgabe erschien im Verlag
Hodder & Stoughton
unter dem Titel „The Heart of Success“.

Aus dem Englischen übersetzt von Thorsten Krämer.

Bibelstellen sind, soweit nicht anders angegeben,
der Einheitsübersetzung entnommen.

Best.-Nr. 815 957
ISBN 3-89437-957-X
1. Auflage 2004
Umschlaggestaltung: Hanni Plato
Satz: Die Feder GmbH, Wetzlar
Druck und Verarbeitung: Ebner & Spiegel, Ulm
Printed in Germany

Manche Leute sagen, dass man zum Schreiben eines Buches immer andere braucht, die einem zur Seite stehen; auf das vor Ihnen liegende Buch trifft das 100-prozentig zu. Von Anfang an hat Jonathan Mason mit mir an diesem Buch gearbeitet.

Ein besonderer Dank geht auch an Jonathan Barber, Samantha Callan, Jill Garrett, Bruce Gordon, Robert Gorzynski, Kate Hancock, Ron Lockwood, Dave Phillips, Mike Rimmington und Steve Williams. Das Team von Hodder Headline – vor allem Judith Longman, Charles Nettleton und Julie Hatherall – war brillant; ein Autor kann sich nichts Besseres wünschen.

Mein guter Freund Owain Williams hört nicht auf, mir Mut zu machen.

Herzlichen Dank auch an John Loosemore, der mehr als 25 Jahre lang mein Geschäftspartner war.

Und natürlich ein Dankeschön an Jonathan Booth und Sheron Rice.

Rob Parsons

Inhalt

Einführung

Seit mehr als 20 Jahren spreche ich nun schon in Seminaren auf der ganzen Welt über die Prinzipien, die diesem Buch zugrunde liegen. In dieser Zeit habe ich zahllosen Menschen, die noch am Beginn ihres Geschäftslebens standen, wie auch den Firmen, die sie angestellt haben, die sieben Geschäfts- und Lebensprinzipien von Professor Murray vorgestellt. Dieses Buch nun ermöglicht es mir, jedes dieser Prinzipien aus meinem eigenen Blickwinkel zu präsentieren. Aber zunächst möchte ich Ihnen den Professor höchstpersönlich vorstellen und auch den jungen BWL-Studenten, dessen Leben durch eine zufällige Begegnung in einer stickigen Bibliothek auf immer verändert wurde. Dazu müssen wir uns über ein Vierteljahrhundert zurück in die Vergangenheit begeben ...

Der Professor und der BWL-Student

Montag, 8. Oktober, 21:45 Uhr

Es gab Stimmen, die behaupteten, Professor Murray sei schon seit der Grundsteinlegung an der Hochschule für Wirtschaft. Auf jeden Fall konnte sich niemand mehr an eine Zeit ohne ihn erinnern und niemand wusste genau, wie alt er eigentlich war, aber klar war: Er musste *sehr* alt sein. Sein Haar hatte er schon immer lang getragen – ein Umstand, der einigen seiner Studenten in den 60er-Jahren das Rebellische nahm, zumindest zum Teil –, und obwohl es inzwischen schneeweiß war, hatte es seine alte Fülle behalten, was ihn wie einen biblischen Propheten aussehen ließ.

Er war ein ungewöhnlicher Professor. Zum einen hatte er nie

ein Buch geschrieben. Jeder Verleger im Land hatte irgendwann schon mal vor seiner Tür gestanden, aber Tom hatte stets dieselbe Antwort gegeben: „Ich unterrichte einfach zu gerne, und wenn ich ein Buch schreiben würde, hätte ich dafür keine Zeit mehr." Aber Tom war nie ein weltfremder Wissenschaftler gewesen. Hinter den Verlegern hatten die Vorstandsvorsitzenden vieler großer Konzerne gewartet, die alle nur „ein wenig Hilfe bei einem kleinen Problem" wollten. Sie hatte Tom nie abgewiesen. Er liebte den Umgang mit Firmen, vor allem mit den Menschen, die dort arbeiteten. Und so hatte er einiges zu erzählen: Geschichten, die eine trockene Wirtschaftstheorie abklopfen und zum Leben erwecken konnten, Geschichten von Firmen, die als „unsinkbar" galten und doch schneller untergegangen waren als die Titanic, und Geschichten von scheinbar aussichtslosen Ideen, die nicht nur ihren Platz am Markt gefunden, sondern ganz neue Märkte geschaffen hatten.

Die Studenten liebten Professor Murray. Sie liebten seinen Unterricht und sie liebten seine Geschichten. Aber noch mehr als seinen Unterricht und seine Geschichten liebten sie ihn. Das klingt unwahrscheinlich, vielleicht sogar sentimental, aber es ist die Wahrheit. Er bekam sogar noch Briefe von Männern und Frauen, die im ersten Semester in seiner Einführungsvorlesung gesessen hatten und inzwischen große Unternehmen leiteten. Sehr oft handelten diese Briefe einfach von ihrem Leben – von ihren Kindern, ihren Ehen oder ihren Scheidungen, von ihren Hoffnungen und Ängsten. Er wusste selbst nicht mehr genau, wie vielen seiner Studenten er zu einer Art Ersatzvater geworden war.

Aber Tom war auch noch aus einem andern Grund ungewöhnlich: Sein bester Freund seit mehr als 50 Jahren war Clarke Lewis, der Hausmeister des College. Clarke war sogar noch älter als Tom, aber solange sie sich erinnern konnten, hatten sie wenigstens einmal in der Woche abends zusammen Bridge gespielt, seit Toms Emeritierung vor zehn Jahren sogar jeden Abend. Ausgenommen montags. Montags besuchte Clarke seine Tochter und deren Familie, die 15 Meilen entfernt wohnten. An diesem Abend schloss Tom dann immer für seinen Freund die Bibliothek ab. Das war nicht einfach reine Nettigkeit, nein, Tom hatte auch seinen Spaß

dabei: Er genoss es, noch einmal durch die Gänge zu gehen, hier und da ein Buch aus dem Regal zu holen und den muffigen Duft des alten Gebäudes in der Nase zu haben.
Seitdem er sie das erste Mal durch die schweren Holztüren betreten hatte, liebte er die Bibliothek. Sie stand auf dem Hügel oberhalb des Campus, und so überragte sie mit ihrer viktorianischen Architektur die modernen Glasgebäude, die die Universität ansonsten bestimmten, gleich zweifach. In diesem Schrein der Wirtschaftswissenschaften gab es kein Neonlicht, nein, glänzende Kerzenleuchter hingen unter den hohen, verzierten Decken. Sie warfen ein unruhiges Licht – nicht wirklich zum Lesen von Kleingedrucktem geeignet, aber diese Hommage an die Größe einer vergangenen Epoche wurde dennoch von niemandem in Frage gestellt.
Die Bücher hielten nicht nur die Wände besetzt, sie stapelten sich auch auf dem Boden, in den Alkoven und auf den Walnusstischen, auf denen die Studenten arbeiteten und an denen sie gelegentlich auch ein Nickerchen machten. In einen Tisch hatte jemand sogar etwas hineingeritzt. Der Dekan konnte die Identität der gequälten Seele nie ermitteln, die dort die Inschrift „Die Lebenden sind die Toten im Urlaub" hinterlassen hatte. Und vielleicht sprach es ja auch für die philosophische Tiefe dieser Aussage, dass selbst die Politur des Restaurateurs ihr nichts anzuhaben vermochte.
Und was für Bücher hier standen! Bücher, die mehr als 300 Jahre Wirtschafts- und Managementtheorie abdeckten. Bücher, die an die Spitzen der Bestsellerlisten geschossen und dann in der Versenkung verschwunden waren, Bücher, die zu ihrer Zeit revolutionär gewesen waren und nun zum schon etwas angestaubten Allgemeingut gehörten, Bücher, die Erfolg versprachen, und Bücher, die peinlich genaue Protokolle des Scheiterns darstellten.
Jeden Abend um 21:45 Uhr betätigte der Hausmeister den Gong, dessen Lärm durch die Stille der Bibliothek hallte, um die Schlafenden zu wecken und die Lesenden darauf vorzubereiten, dass die Schließung des Gebäudes um Punkt 22:00 Uhr bevorstand. Aber als der Professor am Abend des 8. Oktober die Gänge entlangschlurfte, wusste er, dass es eigentlich keinen Grund gab, den Gong zu betätigen. Die leeren Tische standen Reihe an Reihe vor ihm, der Lesesaal war menschenleer.

Aber Clarke hatte ihm genaue Anweisungen gegeben, wie alles zu tun war, und so nahm Tom pflichtbewusst den bronzenen Hammer und schlug den gewaltigen Gong. Selbst der Schall, so schien es, verbreitete sich würdevoll und mit angemessenem Respekt durch den Lesesaal. Die tiefen Töne des Gongs vibrierten durch die Bibliothek. Sie krochen an Adam Smiths „Wohlstand der Nationen" vorbei, schlichen in die Ecken, in denen das Buch „Sie können jede Farbe nehmen, Hauptsache, sie ist schwarz – Eine kurze Geschichte der Ford Motor Company" stand, und huschten über die Gänge mit den etwas moderneren Titeln. Vorbei an jedem einzelnen Buch, jeder Theorie, vorbei an „Teamarbeit" und „Einzelkämpfertum", „Qualitätskreisen" und „Schlussstrichen", „Höhenflügen" und „Abstürzen", „Rezessionen" und „Revivals", „Depressionen" und „Lieferungen", „Bären" und „Bullen", an „IQ", „EQ" und „Arbeitslosengeld".
Da sah Tom ihn – einen Schatten, der sich ganz hinten am anderen Ende der Bibliothek bewegte, vorbei an den Regalen mit den Industrieperiodika und der *Harvard Business Review*. Er zwinkerte zweimal, seine Augen hatten in letzter Zeit etwas nachgelassen. Er wusste selbst nicht, ob er erschrocken oder verärgert war oder ob er Angst hatte; jedenfalls ließ er sich zu etwas hinreißen, das er in all den Jahren, in denen er nun schon in diesen Gängen unterwegs war, noch nie getan hatte: Er hob die Stimme. „Ist da jemand?", rief er.
Der junge Mann, der aus dem Gang heraus in das fahle Licht trat, sah noch ängstlicher aus als Tom. Langsam ging er auf den Professor zu.
„Haben Sie kein Zuhause, mein Junge?"
„Entschuldigen Sie bitte. Ich habe völlig die Zeit vergessen. Ich gehe sofort."
„Ist schon in Ordnung, wir haben noch 15 Minuten geöffnet."
„Nein, nein, ich bin sowieso fertig."
„Kann ich Ihnen vielleicht helfen?"
Hätte der junge Mann gewusst, mit wem er da redete, wäre er sofort gegangen. So aber kam ihm der alte Hausmeister, für den er ihn hielt, harmlos vor – genau der Gesprächspartner, auf den er die ganze Zeit gehofft hatte.
„Wissen Sie, morgen fange ich mit dem BWL-Studium an. Mein Vater ist letztes Jahr gestorben. Er war Geschäftsführer

einer großen Firma und wollte immer, dass ich hier studiere und eine Karriere in der Wirtschaft mache, auf die er würde stolz sein können. Fast alles, was mein Vater anfasste, wurde ein Erfolg. Er gründete aus dem Nichts eine Firma und machte sie zu einem millionenschweren Unternehmen. Er etablierte sich an Märkten, die andere für nicht zu knacken hielten. Die *Harvard Business Review* nannte ihn einmal ‚eine Erfolgsgeschichte ohnegleichen'."

„Nun, mein Junge, ich bin sicher, wenn er Sie jetzt sehen könnte, wäre er stolz auf Sie. Versuchen Sie einfach, seinem Beispiel zu folgen."

Tom drehte sich um und wollte gerade gehen, als der junge Mann ihn am Arm fasste.

„Ich sagte, mein Vater hatte in fast allem Erfolg. Dieses ‚Fast' hat mich heute in die Bibliothek geführt. Ich habe ihn als Kind nicht oft gesehen. Die Eltern meiner Freunde sahen ihren Kindern bei deren Fußballspielen zu, aber mein Vater hat es nie geschafft. Als ich einmal die Hauptrolle in einer Schulaufführung spielte, kam er erst, als der Vorhang gerade fiel. Wir hatten 20 Schlafzimmer zu Hause und einen Privatjet. Ich hatte Spielzeug, von dem die anderen Kinder nur träumen konnten. Das Einzige, was ich nicht hatte, war er.

Mein Vater hatte 15.000 Angestellte, einen zwölfköpfigen Vorstand, aber keine echten Freunde. Er hat an Tausenden von Geschäftsessen teilgenommen, aber am Ende blieb ihm niemand, mit dem er offen über sich selbst sprechen konnte. Als er 60 wurde, kamen 500 Gäste zu seiner Geburtstagsfeier. Bei seiner Beerdigung waren es 50. Mein Vater ist zu jung gestorben. Er hat sich einfach zu viel abverlangt. Ich weiß nicht, ob ich zu diesem Preis Erfolg haben will. Deshalb habe ich heute die Bücher nach der Antwort auf eine einfache Frage hin durchgesucht: ‚Was heißt es, Erfolg zu haben – ist es möglich, erfolgreich zu sein und trotzdem ein ausgeglichenes Privatleben zu führen?'"

Tom hatte fünf Kinder, zehn Enkel und Hunderte ehemaliger Studenten, die er außerdem noch zu seiner Familie zählte. Er kannte den Ausdruck im Gesicht dieses Jungen nur zu gut. Dieser junge Mann war verzweifelt. Er ließ ihn auf einem Stuhl Platz nehmen.

„Mein Junge, ich muss Ihnen etwas gestehen. Ich bin nicht

der Hausmeister. Ich bin inzwischen emeritiert, aber ich habe an dieser großartigen Einrichtung länger Wirtschaftswissenschaften gelehrt, als ich mir überhaupt vorstellen will."
Die Augen des Studenten weiteten sich, und während Tom fortfuhr, rückte er mit dem Stuhl näher an ihn heran. „Und nicht nur das. Ich konnte die Laufbahnen und geschäftlichen Unternehmungen von Männern und Frauen verfolgen, die Bücher über das Thema ‚Erfolg' geschrieben haben. Ich kann Ihnen verraten, dass einige von ihnen mit den Büchern mehr Geld verdient haben als je mit ihren Firmen. Aber dennoch war der Erfolg, auf den sie offenbar so stolz waren, eine sehr eindimensionale Angelegenheit. Manche dieser Leute hatten nicht einmal Zeit, um mal auszuspucken, geschweige denn, dass sie sich einmal in Ruhe einen Sonnenuntergang hätten ansehen können. Manche hatten mehr Autos als Freunde. Für jemanden in Ihrem Alter ist das vielleicht schwer zu verstehen, aber ich bin letztlich zu dem Schluss gekommen, dass mein Freund, der Hausmeister dieser Bibliothek, ein besseres Leben gehabt hat als diese Menschen."
Der junge Mann ergriff das Wort: „Dann ist Erfolg also eine Illusion? Ist es unmöglich, geschäftlich Erfolg zu haben und nebenher ein Privatleben zu führen?"
„Ich habe erlebt, dass manche es geschafft haben, mein Junge, aber nur sehr wenige. Im Laufe der Jahre habe ich die Eigenschaften derjenigen beobachtet, die es zu Stande gebracht haben. Inzwischen glaube ich sogar, dass diese Männer und Frauen die eigentlich Erfolgreichen sind."
„Diese Eigenschaften – könnte ich die auch erlernen?"
„Ich sag Ihnen, was wir machen. Ich gebe Ihnen den radikalsten Ratschlag, den je ein Student an dieser ehrwürdigen Universität erhalten hat. In den nächsten Monaten kommen Sie einfach zu mir, nachdem die Bibliothek zugemacht hat. Ich wohne in dem Häuschen am Ende der Straße. Ich koche uns beiden dann Kaffee und weihe Sie in ‚Professor Murrays Erfolgsprinzipien' ein, wie meine Studenten sie immer genannt haben. Es wird mir bestimmt Spaß machen, wieder zu lehren. Der Kurs beginnt morgen Abend um Punkt zehn Uhr."
Zum ersten Mal an diesem Abend sah Tom ein breites Lächeln auf dem Gesicht des jungen Mannes. „Ich werde kommen! Und übrigens, ich heiße Jack."

Tom führte seinen neuen Studenten aus der Bibliothek und sah ihm noch hinterher, während er die Straße hinunterging, bis er von der Dunkelheit des Campus beinahe verschluckt wurde. Plötzlich drehte sich der junge Mann noch einmal um und rief: „Professor, wie heißt Ihr Kurs denn eigentlich?"
Der alte Mann lächelte und wandte sich um, um in das Gebäude zurückzugehen, aber plötzlich hielt er inne und drehte sich wieder um. Er fing an zu kichern. Mit zusammengekniffenen Augen blickte er in die Dunkelheit, aber der Student war nicht mehr zu sehen. Das hielt ihn jedoch nicht davon ab, ihm den Hügel hinab hinterherzurufen: „Jack, wir nennen ihn: ‚Wie man im Geschäft Erfolg hat, ohne im Privatleben zu verlieren!'"

Als Jack an diesem Abend in sein Zimmer zurückkehrte, ahnte er noch nicht, dass seine Zeit in Tom Murrays Kurs sein Leben verändern würde. Und während wir zusammen dieses Buch durchgehen, möchte ich auch Sie gerne an den wichtigsten Inhalten dieser sieben erinnerungswürdigen Treffen teilhaben lassen. Leider existieren keine Tonbandaufnahmen, keine Videos und keine Mitschriften dessen, was die beiden an jenen Herbstabenden vor vielen Jahren besprochen haben. Immerhin haben wir die sieben Prinzipien des Professors, und so werde ich Sie nach jedem Abend zurück in die Gegenwart bringen und ausführen, was das jeweilige Prinzip uns als Geschäftsleuten und Individuen heute zu sagen hat.

Tom Murray ist längst gestorben und auch Jack ist mittlerweile an die 50 Jahre alt, aber Sie werden mir vielleicht zustimmen, dass die Prinzipien heute noch genauso relevant sind, wie sie es damals waren.

Prinzip Nummer eins

Geben Sie sich nicht damit zufrieden, viel Geld, aber keine Zeit zu haben

Dienstag, 9. Oktober, 22:00 Uhr

Auf Jacks Klopfen hin öffnete Tom die Tür und bat ihn herein. Das Zimmer erinnerte den jungen Mann an eine vergangene Zeit. Ein kleines Kohlenfeuer brannte in einem Ofen, vor dem zwei alte Ledersessel standen. Bei beiden waren die Sitzpolster so durchgesessen, dass sie beinahe die darunter liegende hölzerne Sitzfläche berührten. Die Wände hingen voll mit Fotografien – von Kindern und Hunden und mitten drin ein Hochzeitsfoto von einem jungen Mann mit seiner Braut. Tom führte seinen neuen Studenten herum und erklärte zu jedem einzelnen Bild, was es ihm bedeutete. Dann zündete er seine Pfeife an und ließ Jack auf einem der Sessel Platz nehmen.
„Also, Jack, der Kurs beginnt. Wie es bei den besten Professoren üblich ist, stelle ich Ihnen die Abschlussprüfungsfrage gleich zu Anfang, um Ihnen während der verbleibenden Zeit beizubringen, wie Sie die Antwort darauf finden. Sie lautet: ‚Worin besteht das Wesen echten Erfolges und wie kann ich in meinem Geschäfts- und Privatleben dahin gelangen?' Und die erste Lektion ist die schwerste ..."

Es war ein unerträglich heißer Tag in Kalifornien. Zum sechzigsten Mal innerhalb einer Stunde war der Verkehr auf dem Freeway, der aus Los Angeles herausführt, an diesem frühen Abend zum Stehen gekommen. Ich saß in meinem Wagen und schaute mir meine Staugefährten ringsum an. In der Spur links von mir hing der Fahrer über seinem Lenkrad, als wäre er gestorben oder einfach nur völlig verzweifelt. Die Frau im Kostüm im Wagen vor mir schrie abwechselnd ihr Handy und ihre Kinder an, die sich auf dem Rücksitz in einer Kunst übten, die seit Generationen von Kindern beherrscht wird: ihre Mutter in den Wahnsinn zu treiben. Und der Mann in dem Porsche auf der rechten Seite war ... nun ja, erregt. Er verschwendete kostbare klimaanlagengekühlte Luft, indem er sein Fenster herunterließ, sich herausbeugte und die Fahrer vor ihm anschrie. Nachdem er das eine Zeit lang gemacht hatte, holte auch er sein Handy heraus, um nun dorthinein zu schreien. Der Porsche und mein Leihwagen führten mindestens fünf Meilen lang unser kleines Stop-and-go-Duett nebeneinander auf und mit der Zeit faszinierte mich dieser Mann immer mehr. Mir fiel auf, dass er immer röter und röter wurde, und obwohl es keine bessere Klimaanlage gibt als die in einem Porsche Boxster, lief ihm der Schweiß nur so von der Stirn.

Dieses Schauspiel nahm mich so gefangen, dass ich es zunächst gar nicht bemerkte, dass der Wagen vor mir sich einige Meter vorwärts bewegte. Ich rückte nicht gleich auf, und der Porschefahrer sah seine Gelegenheit, in meine Spur zu wechseln, auf der es scheinbar schneller vorwärts ging (aber da täuschte er sich). Er trat aufs Gaspedal und sein kleiner, wendiger Wagen machte wie eine Rakete einen Satz nach vorne in den entstandenen Zwischenraum hinein. Und da sah ich nun den Aufkleber, den der Porschefahrer als sein Motto auf der Stoßstange kleben hatte: „Am Ende gewinnt der mit dem meisten Spielzeug."

Ich habe seitdem oft an diesen Mann gedacht. Ich muss zugeben, dass ich mich ein-, zweimal gefragt habe, ob er wohl noch am Leben ist, und wenn nicht, welchen Preis er wohl „gewonnen" hat. Aber vor allem denke ich immer wieder an ihn, weil er für mich zu einem Beispiel für all diejenigen geworden ist, die ich die neuen Armen nenne. Diese Menschen haben einen sehr hohen Lebensstandard, aber eine erschreckende Lebensqualität. Sie besitzen jede technische Spielerei, die ihnen Zeit erspart, und doch beschweren sie sich bitterlich darüber, dass „der Tag ni genug Stunden hat". Sie sind mit der besten Kommuni tionstechnologie ausgestattet, man kann sie immer ι überall erreichen – aber sie haben größte Schwierigkeiten, sich mit den Menschen zu verständigen, die sie lieben. Sie haben eine Zweitwohnung, aber sind fast nie in der ersten. Sie haben alles und sie haben doch nichts.

Ich kann diesen Mann im Porsche und seinen Aufkleber verstehen. Manchmal denke ich, dass ich ihn gut kenne. Er macht sich auf den Weg ins Büro, wenn seine Kinder noch schlafen, und er kann sich nicht daran erinnern, wann er ihnen das letzte Mal eine Gute-Nacht-Geschichte vorgelesen hat. Er würde wirklich gerne einmal zu einer der Ballett-Aufführungen seiner Tochter gehen, aber irgendwie hat es trotz seiner besten Absichten noch nie geklappt. Und natürlich würde er im Urlaub nur zu gerne einmal abschalten, aber egal, wie sehr seine Frau ihn auch bittet – ohne einen „kurzen Anruf im Büro" geht es einfach nicht. Für Freunde hat er wenig Zeit. Er kümmert sich um seine Gesundheit, er geht in einen Fitnessclub, seine Firma organisiert interne Stressvermeidungsseminare, aber er fühlt sich ausgelaugt, er schläft nicht gut und ist auf dem besten Weg zu seinem zweiten Herzinfarkt. Von allen zerstörerischen Folgen dieses Lebensstils, die dieser Typus nicht erkennt, richtet nichts größeren Schaden an als die „Zeitarmut" – viel Geld, aber keine Zeit.

Auf den „Zeitarmen" passt, wie ich finde, die folgende Definition, die von einem ehemaligen Vorsitzenden der US-Handelskammer stammt, ziemlich gut: „Ein gut eingestellter Geschäftsführer ist jemand, dessen Verbrauch an Aufputschmitteln seine Dosis an Beruhigungsmitteln gerade so weit übersteigt, dass ihm genügend Kraft für die wöchentliche Sitzung bei seinem Psychiater bleibt." Das Seltsame an diesem Typ Mann ist, dass er trotz seiner zahllosen Qualifikationen sein Leben so lebt, als habe er das Entscheidende irgendwie nicht verstanden. Und das ist nicht nur meine Sicht der Dinge. Ein führender Headhunter hat es so formuliert: „Heutzutage ist der typische Kandidat für den Job eines Vorstandsvorsitzenden ein

48-Jähriger auf dem mentalen Entwicklungsstand eines 22-Jährigen, und so ist es ganz unvermeidlich, dass diese Leute es *nicht* schaffen. So sind heute die überzogenen Ansprüche, es gibt einfach dieses Bedürfnis nach totaler Hingabe zu Hause wie bei der Arbeit."

Zeitarmut ist schwer zu erkennen, da es im Leben eines Betroffenen oft auch außerhalb des Berufes in jeglicher Hinsicht scheinbar so gut läuft. Solche Personen haben einen hohen Lebensstandard, ihre Lieben sind in materieller Hinsicht bestens versorgt, die Kinder bekommen zum Geburtstag und zu Weihnachten teure Geschenke und gehen auf die besten Schulen. Noch schwerer ist Zeitarmut dadurch zu erkennen, dass sie oft von einem hohen Maß an Freizeit- und Erholungsaktivitäten begleitet wird. Die Familie macht mehrmals im Jahr Urlaub, man hat vielleicht noch ein Ferienhaus irgendwo auf dem Land und die ganze Familie ist Mitglied in einem Fitnessclub.

Aber neben alldem steht eine hektische, gehetzte Lebensweise, die dafür sorgt, dass der Zeitarme es trotz massiver Hilfe – durch Au-Pair-Mädchen, Fast Food, Tagesmütter, Hort und zahllose andere Dienste – nicht schafft, auf der Höhe seiner Zeit zu bleiben. Er macht sich selbst weis, dass er lediglich mehr Unterstützung braucht. Kein Wunder, dass es eine schnell wachsende Zahl von Firmen gibt, die sich um „Haushaltsdienste" für gestresste Manager kümmern. Solche Firmen organisieren die Geburtstagsfeier Ihrer Kinder oder stellen Ihr persönliches Familienfotoalbum für Sie zusammen. Sie versorgen Sie mit Grußkarten, auf denen steht: „Es tut mir Leid, dass ich dich heute Abend nicht selbst ins Bett bringen kann." Es gibt bereits Dienste, die Ihnen einen Masseur direkt an den Arbeitsplatz schicken, damit Sie nicht erst in eine Praxis gehen müssen. Als Nächstes steht der Zahnarzt für Sie bereit, der Ihnen eine neue Krone einsetzt, ohne dass Sie sich auch nur einen Zentimeter von Ihrem Schreibtisch entfernen müssen. Und das Beste von allem: Der ergebene Junge, der Ihnen die Schuhe putzt, kommt jetzt in Ihr Büro, um sicherzustellen, dass, auch wenn Ihnen der Kopf ein bisschen brummt, wenigstens Ihre Füße etwas hermachen. Moment mal – wie wäre es denn, wenn man diese drei Dienstleistungen gleich kombinieren würde? Denken Sie nur daran, wie viel Zeit das sparen würde! Machen Sie Ihre Schultern locker, den Mund weit auf und strecken Sie die Beine aus. Sie sind ein Erfolgsmensch!

Der letzte Schrei in einigen der größeren Londoner Firmen ist ein „Lifestyle Manager". So jemand „betreut leistungsstarke Top-Manager, die zu beschäftigt sind, um ihr Leben außerhalb der Arbeit zu organisieren", wie es in der Werbung heißt. Die Firma verspricht, sich um alle Bedürfnisse zu kümmern, vom Gassigehen mit dem Hund bis zum Ausrichten einer Hochzeit.

Der Zeitarme hat im Laufe der Jahre immer mehr das Gefühl, „etwas verpasst" zu haben – als hätte man ihn irgendwie reingelegt oder betrogen. Er hat fast 20 Jahre damit verbracht, für die Bedürfnisse anderer herumzurennen. Er hat einiges an materiellem Besitz angehäuft, aber etwas nagt an seiner Seele: das Gefühl, zu wenig Zeit in die Entwicklung von engen Beziehungen zu den Menschen, die er liebt, und seinem eigenen persönlichen Wachstum gesteckt zu haben.

Das Tragische an der Zeitarmut ist, dass sie, während wir uns für unseren „Erfolg" abmühen, diejenigen angreift, an denen uns am meisten liegt. Eine Ehefrau schreibt dazu:

Andy und ich waren so verliebt, als wir geheiratet haben. Ich weiß gar nicht genau, wann wir uns wirklich auseinander gelebt haben. Sein Job verlangte immer mehr Opfer. Wenn er nach Hause kam, war er so müde, dass er mir kaum Hallo sagen, geschweige denn, mir von seinem Tag erzählen oder an meinem Tag interessiert sein konnte. Ich habe das gehasst. Und dann im Laufe der Jahre passierte etwas Seltsames: Ich lernte, ohne ihn zu leben. Es war, als hätte etwas in meinem Inneren zu mir gesagt: ‚Du bist auf dich allein gestellt. Sieh der Lage ins Gesicht und lebe damit – für dich und für die Kinder.' Und eines Tages wurde mir schließlich klar, dass ich ihn nicht mehr liebte. Die Stimme, nach der ich mich früher gesehnt hatte, hasste ich nun. Er muss das irgendwie gespürt haben, denn auf einmal, ich konnte es kaum fassen, wollte er mit mir reden. Aber es war zu spät. Es war vorbei.

Erfolg auf ganzer Linie

Was bedeutet es eigentlich, erfolgreich zu sein? Wie messen wir Erfolg? Vor kurzem besuchte ich ein Hochsicherheitsgefängnis. Einige der Menschen, die in so einer Anstalt sitzen, sind auf ihre Weise sehr erfolgreich gewesen. Ein Mann hatte mehr Geld angehäuft, als die meisten in ihrem ganzen Leben zu sehen bekommen. Und wenn die Gerüchte stimmten, hatte er es immer noch – irgendwo wartete dieses Vermögen auf ihn und das Ende seiner 15-jährigen Haft. Seine Frau und Familie lebten in einer Villa, seine Kinder gingen auf die besten Schulen und sein teurer Lexus stand noch immer in der Garage. Aber der Preis, den er dafür zahlen musste, war einfach zu hoch.

Sehen wir uns jetzt einmal eine Anwaltskanzlei in London an. Ein Berufsanfänger verdient hier mindestens 50.000 Pfund im Jahr, Prämien nicht mitgerechnet, und die Partner haben schon seit langem aufgehört, in Tausendern zu zählen. Einer der Anwälte sagte mir vor kurzem: „Oft müssen wir bis in die frühen Morgenstunden arbeiten und am Wochenende, aber das ist nicht so schlimm. Man kann jedes Essen bestellen, das man möchte, und es gibt einen Raum mit einem Fernseher und einer *Sony Playstation*, wenn man mal eine Pause braucht. Es gibt auch Duschen und Schlafräume, wenn man sie braucht.“

Natürlich gibt es im Leben dieser zwei Männer – dem im Gefängnis und dem in der Kanzlei – große Unterschiede, aber der wichtigste ist dieser: Auch wenn der Anwalt etwas öfter einen Hofspaziergang machen darf, muss er gute 40 Jahre absitzen, nicht 15.

Vor einigen Jahren besuchte ich eine internationale Rechtskonferenz in New York. Der Seniorpartner einer großen amerikanischen Kanzlei umriss seine Strategie für eine erfolgreiche Firma:

„Wir erwarten, dass unsere jungen Anwälte auf 2.500

anrechenbare Stunden im Jahr kommen", sagte er. „Wir richten unsere Büros so ein, dass sie alles Lebensnotwendige vorfinden, denn wir haben festgestellt, dass es nur den Arbeitsrhythmus stört, wenn sie nach Hause gehen."

Der Vorsitzende wandte sich ihm zu und sagte: „Aber Sam, was ist denn mit Burn-out?"

Die Antwort kam wie aus der Pistole geschossen: „Ganz einfach, Larry. Wer ausgebrannt ist, hat bei uns nichts zu suchen."

Das ist das antiquierte Managerdenken: Nimm jemanden Anfang 20 und lass ihn bis Ende 30 ausbrennen. Mit 40 hat er seinen ersten Herzinfarkt, fehlt vier Wochen, kommt zurück, hat mit 50 seinen zweiten Herzinfarkt und geht aus gesundheitlichen Gründen in den Ruhestand. Und dann fängst du einfach mit einer Hand voll Anfänger wieder von vorne an.

In einem Kommentar zu einer Untersuchung des *Institute of Management* mit dem Titel „The Quality of Working Life" („Die Qualität des Arbeitslebens")[1] schrieb die *Financial Times*: „Die Ergebnisse unterstreichen die Tatsache, dass die Verkürzung der Arbeitszeit eine Angelegenheit von hohem wirtschaftlichem Interesse ist. Man mag Stress und Burn-out als ‚persönliche Probleme' abtun, aber die ineffiziente Ausnutzung von Arbeitszeit betrifft jedes Geschäft."[2]

Und selbst wenn einige Experten nicht verstehen, worum es geht, es hat den Anschein, dass ihre Klienten langsam aufwachen. Kürzlich überraschte die Firma Bass die Londoner Rechtswelt mit der Ankündigung, dass sie in Zukunft in all ihre Verträge, die sie mit Kanzleien abschließt, eine Klausel einfügen wird, die bestimmt, dass die angestellten Anwälte nicht mehr als 50 Stunden in der Woche arbeiten. Diese Firma hat kein Problem damit, 300 Pfund die Stunde zu zahlen – aber nicht für Arbeitsroboter ohne Zeit- und ohne Lebensgefühl.[3]

Wenn man über diese Themen spricht, kann man die Ängste schon erahnen: „Das geht auf Kosten der Firmen", oder: „Die Gewinne werden fallen". Aber vielleicht hat Bass Recht. Vielleicht brauchen Innovationen, große Strategien und vorwärts gerichtetes Denken einen gewissen Freiraum. Es wäre eine schöne Ironie, wenn man am Ende feststellen würde, dass man eine gesunde Geschäftsbilanz hinkriegen und doch noch etwas leben kann.

Vor zwei Jahren veröffentlichte KPMG ihre Werte-Charta. Die meisten der zehn aufgeführten Punkte stellten keine Überraschung dar. Von einem globalen Konzern mit solchem Erfolg konnte man erwarten, dass er Punkte wie diesen listet: „Wir gehen proaktiv und innovativ mit unseren Kunden um und reagieren schnell, effizient und objektiv auf ihre Bedürfnisse." Man war auch nicht gerade geschockt, wenn man las: „Wir unterstützen unsere Vorgesetzten, ermutigen Gleichgestellte und fördern unsere Angestellten." Aber wer hätte mit den folgenden zwei Punkten gerechnet?

- Wir respektieren unser und unserer Angestellten Bedürfnis, ihr privates Leben und ihr Arbeitsleben in ein Gleichgewicht zu bringen.
- Wir lernen von unseren Erfahrungen und nehmen uns die Zeit, uns gemeinsam mit unseren Mitarbeitern an unseren Erfolgen zu erfreuen.

Abschließend hieß es dann: „Die leitenden Angestellten der Firma werden als Rollenmodelle für unsere Mitarbeiter und darüber hinaus auch für unsere Geschäftspartner angesehen."

Diese Ideale kann man nicht über Nacht einimpfen, und ohne Zweifel ist es um einiges schwerer, sie umzusetzen als sie drucken zu lassen, aber immerhin nimmt sich KPMG dieser Themen an.

Jede Firma ist auf Männer und Frauen angewiesen, die manchmal Überstunden machen. Das wirklich Erschreckende ist aber, dass der „Überstundenroboter" so verfährt, ohne sich der Gefahr bewusst zu sein. Dieser Typus macht Überstunden zu seinem Lebensstil. Er kommt als Erster und geht als Letzter, und das schon, solange er sich erinnern kann, und meistens nimmt er sich noch Arbeit mit nach Hause. Anders gesagt: Sein Einsatz ist nicht zu vergleichen mit dem, den andere in Zeiten erhöhten

Drucks bringen. Er lebt einfach immer so. Spräche man ihn darauf an, würde er sagen: „In diesem Büro herrscht permanent erhöhter Druck!" Und das stimmt sogar. Aus verschiedenen Gründen.

Zunächst einmal haben viele Büros so einen betont engagierten Umgangsstil. Eine leitende Angestellte aus London erzählte mir, dass sich in ihrem Büro niemand traut, um 18:00 Uhr nach Hause zu gehen, selbst wenn alle Arbeit erledigt ist: „Es gibt da dieses Macho-Image, das einen bis ungefähr 21:00 Uhr herumhängen lässt, bis man dann anschließend total erschöpft nach Hause geht. Und wenn dich jemand fragt, wie es dir geht, dann sagst du natürlich nicht: ‚Gut', sondern: ‚Furchtbar!' Ich kenne eine Firma, bei der die zwei Direktoren beide jeden Morgen um 6:00 Uhr kommen – es sei denn, einer ist in Urlaub, dann kommt der andere erst um 8:30 Uhr!"

Was sich viele Menschen nicht klar machen, ist die tiefe Unsicherheit der Leiter vieler Abteilungen, Firmen und Organisationen. Das ist auch schwer zu verstehen, denn diese Männer und Frauen wirken doch so erfolgreich. Aber ihr ganzes Leben lang haben sie sich die Frage gestellt: „Was denken die Leute von mir?" Diese Frage hat sie dazu getrieben, sich beinahe in jedem Bereich ihres Lebens beweisen zu müssen. Einige von ihnen sind von einem Elternteil so geprägt worden – sehr häufig vom Vater, der sie ständig nur nach ihrer Leistung bewertet hat. Einige von ihnen führen heute große Organisationen, und man sollte denken, dass es mit dem Beweisen-Müssen jetzt vorbei ist. Aber es hat gerade erst angefangen. Jetzt haben sie das Gefühl, dass sic erst recht beweisen müssen, dass sie härter arbeiten als jeder andere. Wohlgemerkt: *härter*. Nicht unbedingt effizienter oder besser und bestimmt nicht cleverer – sondern *härter*. Und *härter* bedeutet sehr oft *länger*.

Das alles wäre noch kein so großes Problem, wenn sie es nur für sich selbst so hielten. Aber häufig bauen sie auf diese Weise ganze Organisationen auf, in denen jeder den anderen nach dem bloßen *Anschein* von harter Arbeit beurteilt. In solchen Büros werden dann Männer und Frauen, die zwar höhere Zielvorgaben erreichen, mehr

Versicherungen verkaufen oder mehr Umsatz machen, aber sich dem Überstundenspiel verweigern, als lau angesehen. Die Menschen wollen erstaunlicherweise nicht glauben, dass ihr Erfolg in ihrer überlegteren Arbeitsweise liegt, lieber führen sie ihn auf ihr vermeintlich leichteres Arbeitsfeld zurück.

Was wir brauchen, sind neue Helden in den Leitungspositionen unserer Firmen und Organisationen – Menschen, deren Motto lautet: „Sag mir nicht, wie lange du arbeitest – sag mir, was du getan kriegst." Als man Vicky King, die Chefin einer Technikfirma, um einen Kommentar zur Überstundenkultur bat, kam sie gleich zur Sache und betonte, dass ein frischer, ausgeruhter Dynamo „sich durch einen Stapel Arbeit hindurcharbeitet wie ein Sushi-Koch, der Pilze schneidet." Was sie meint, ist klar: „Warum sollte man gerade denjenigen belohnen, der am längsten für eine Aufgabe braucht?"[4] Was wir brauchen, sind Führungspersonen aus der Wirtschaft, die den Beweis leben, dass erfolgreiche Menschen auch ein Leben außerhalb ihrer Arbeit haben, dass die wirklich schlauen Menschen diejenigen sind, deren Erfolg sie freisetzt und nicht in einer eichengetäfelten Zelle einschließt.

Der zweite Grund für die Vorherrschaft der Überstundenkultur liegt im mangelnden Kopfrechnen der Leute begründet. Kommen wir noch einmal zu jenen jungen Anwälten zurück, die 50.000 Pfund im Jahr verdienen. Das ist eine ganz schöne Menge Geld, nicht wahr? Viele dieser jungen Leute arbeiten 14 Stunden am Tag, sechs Tage in der Woche, und das für sagen wir 40 Wochen im Jahr. Das macht einen Stundenlohn von 12,40 Pfund. Ein Anwalt, der 30.000 Pfund im Jahr verdient, und das bei einer 50-Stunden-Woche, bei der er von 8:00 bis 18:00 Uhr im Büro ist und an den Wochenenden frei hat, kommt auf denselben Stundenlohn. Mir ist schon klar, dass der erste Typus mehr Einkommen zur Verfügung hat – das Problem ist nur, dass er gar keine Zeit hat, es auszugeben! Wann wachen wir endlich auf und erkennen, dass der wirklich Schlaue derjenige ist, der sein Einkommen in Verhältnis setzt zu einem Lebensstil, der ihm auch wirklich etwas Zeit zum Leben lässt?

Ich habe in meinem Leben viel Zeit damit verbracht, Unternehmen bei der Expansion zu helfen, aber inzwischen glaube ich, dass damit wenig Sinn verbunden ist, wenn ein höherer Lebens*standard* zu einer schlechteren Lebens*qualität* führt. 1999 gab die Agentur für den juristischen Nachwuchs, *Bygott Biggs,* und das Gesundheitswerk der Anwaltskammer, *Solacre*, eine Umfrage über das Arbeitsleben von englischen Anwälten in Auftrag. Das Ergebnis war nicht sehr ermutigend:

- 70 % der Befragten waren völlig erschöpft.
- 70 % der Befragten waren über die Menge an Arbeit besorgt.
- 67 % der Befragten machten Überstunden, um ihre Arbeit zu bewältigen.
- 30 % der befragten Männer und 20 % der Frauen hatten Alkoholprobleme.
- Der Prozentsatz an Todesfällen in Zusammenhang mit Alkohol ist doppelt so hoch wie der Landesdurchschnitt.

Ich bat einmal einen Firmenchef, mir seinen Lebensstil zu beschreiben. Er sagte: „Ich komme um 7:30 Uhr ins Büro und gehe um ungefähr 21:00 Uhr wieder nach Hause."

Ich fragte ihn, ob er auch samstags arbeitete, und er bejahte meine Frage. „Und was ist mit sonntags?", wollte ich wissen.

Er sagte: „Manchmal gehe ich auch sonntags ins Büro, damit ich für den Montag klar Schiff machen kann."

Ich fragte ihn, wie lange er schon so lebe, und er antwortete: „Bald 27 Jahre."

27 Jahre! Und ich habe keinen Zweifel daran, dass er sich in jeder einzelnen Woche, vielleicht sogar an jedem Tag in diesen 27 Jahren, gesagt hat: „Das ist einfach eine stressige Phase – bald wird wieder etwas Ruhe in mein Leben einkehren." Aber seine Gesundheit ist hin, seine Kinder sind erwachsen, und irgendwie hat er das Gefühl, als habe man ihn reingelegt.

Ein anderes Mal beriet ich fünf Partner, alle Anfang 30. Wieder fragte ich sie zuallererst nach ihrem Lebensstil.

„Wir fangen um 7:00 Uhr an, hören um 21:00 Uhr auf, und das sechs Tage in der Woche", erklärte eine von ihnen.

„Und wie soll ich Ihnen helfen?", fragte ich.

Sie antwortete sofort: „Wir wollen expandieren."

„Ach so", sagte ich. „Nichts leichter als das. Sie müssen um 6:00 Uhr anfangen, um 22:00 Uhr aufhören, und das sieben Tage in der Woche."

Ein anderer aus der Gruppe sah mich vorwurfsvoll an und sagte: „Sie machen sich über uns lustig."

„Verzeihen Sie mir", sagte ich, „aber ich habe große Angst, dass, wenn Sie in zehn Jahren noch wohlhabender sind als jetzt, Sie in dieser Zeit in Wirklichkeit wie Arme leben werden."

Charles Handy, ein früherer Manager aus dem Ölgeschäft, Wirtschaftswissenschaftler und Professor an der *London Business School,* hat es einmal so ausgedrückt:

Was tun wir uns da selbst an? ... Wenn unsere intelligentesten und besten Leute nur Zeit für sich und ihre Arbeit haben und wenn der Preis für ihren Erfolg das völlige Verschwinden in dieser Arbeit ist, ... dann sind es die Firma und die Kunden oder Klienten, die den Schaden haben ... Die Menschen in unserem Umfeld fangen dann im Gegenzug an, die Arbeitszeit und oft auch das Verhalten ihrer Vorgesetzten zu übernehmen ... Die Arbeit wird dann für uns alle eine Sucht.[5]

Handy weiß, wie seine Frau sich gefühlt hat, als er vor vielen Jahren noch eine 80-Stunden-Woche nach der anderen hatte. Sie sagte damals zu ihm: „Ich freue mich für dich, dass deine Arbeit so gut läuft, aber ich denke, du solltest wissen, dass du der langweiligste Mensch geworden bist, den ich kenne."[6]

Es mag sein, dass Sie am Anfang Ihrer Karriere viele Überstunden machen müssen – Sie wollen sich die ersten Sporen verdienen, auf sich aufmerksam machen und ein wenig Eindruck schinden. Aber passen Sie auf, dass Sie das nicht zu Ihrem Lebensziel machen. Ich glaube, wir werden zurzeit Zeuge dessen, wie sich auf diesem Gebiet eine gewaltige Veränderung anbahnt. Vor allem junge

Leute erklären, dass sie sich keinen Arbeitgeber mit einer „Verkaufe-deine-Seele-Philosophie" wünschen. Einige Firmen, die auf einem umkämpften Arbeitsmarkt ihre Attraktivität erhöhen wollen, fangen an, die Dinge etwas anders zu sehen. Ihnen wird klar, dass ihnen die Entscheidung zum Ausstieg aus der Überstundenkultur einen Vorteil bei der Personalsuche bietet. Einige haben dies sogar schon in ihre Werbung übernommen. Die Wirtschaftskanzlei D.J. Freeman zitiert einen ihrer Referendare in einer Infobroschüre: „Einer der Gründe, warum mir diese Firma gefällt, ist ihre Einstellung zur Arbeit. Wenn es um die Mandanten geht, kann sich keiner ausruhen, aber wenn es mal nicht so hektisch zugeht, muss keiner länger bleiben, nur weil das angeblich zu unserem Image gehört."

Über Tom Peters, den Management-Guru, heißt es, er sammele bis zu einer Million Flugmeilen im Jahr. Da ist es kein Wunder, dass man ihn oft fragt, wie es bei ihm mit dem Verhältnis zwischen Arbeit und Privatleben aussieht.

Gegenüber dem Magazin *Real Business* sagte er, es sei „ein Verbrechen, nicht mit seiner Arbeit verheiratet zu sein". Aber er räumt ein, auch gelegentlich Zweifel an der Überstundenkultur zu haben: „Bin ich froh, zu viele Fußballspiele meiner Kinder verpasst zu haben? Nein!" Nichtsdestotrotz halten sich seine Zweifel aber wohl in Grenzen, denn weiter sagt er: „Bin ich froh, dass Winston Churchill einige Fußballspiele seiner Kinder verpasst hat? Ja! Ich bin froh, dass Mr. Churchill während des Krieges 26 Stunden am Tag gearbeitet hat."

Darüber bin ich auch froh. Und doch, auch wenn jene düsteren Tage mit hektischer Aktivität gefüllt waren – dieser große Mann hatte einen Vorzug, den die meisten modernen Führungskräfte vermissen lassen: Er wusste, wann der Krieg vorbei war.

Ich kann den kleinen Jungen nur zu gut verstehen, der seine Mutter fragte: „Warum kommt mein Papa immer später nach Hause als all die anderen Papas?"

Seine Mutter sagte: „Nun ja, weil er all seine Arbeit nicht in der üblichen Zeit schafft."

Der Junge überlegte einen Moment und sagte dann: „Warum geht er dann nicht in eine Klasse für Langsamere?"

Checkliste

Warnzeichen am Arbeitsplatz

- Sie stecken noch bis zum Hals in Ihrem letzten Projekt. Diese Arbeit kann Ihnen auch niemand abnehmen.
- Sie machen mehr Überstunden als jeder andere.
- Sie haben ein Problem mit den Kollegen, die offenbar mehr im Gleichgewicht sind.
- Sie nehmen jeden Abend und am Wochenende Arbeit mit nach Hause.
- Ihr Terminplan lässt keinen Raum für kreatives und strategisches Denken.
- Wenn Sie unter Druck stehen, sind Sie ungeduldig oder reagieren gereizt auf Kollegen und Familienmitglieder.
- Sie haben Schwierigkeiten, Arbeit an andere zu delegieren.
- Sie haben Schwierigkeiten, selbst vorsichtige und konstruktive Kritik anzunehmen.
- Sie reagieren auf Krisensituationen unangemessen und emotional.

Gesundheitliche Warnzeichen

- zunehmende Kopfschmerzen
- Hautreizungen
- anhaltende Erschöpfungszustände
- Magenschmerzen
- Sie sind an freien Tagen oft krank.
- zunehmende Reizbarkeit
- Konzentrationsstörungen
- Sie regen sich über Kleinigkeiten auf – wenn zum Beispiel das Tanken zu lange dauert!

Warnzeichen innerhalb der Familie

- Ihre Kinder erzählen Ihnen nicht mehr von ihren Problemen und Erfolgen.
- Ihr(e) Partner(in) fühlt sich ausgeschlossen – Sie streiten sich nicht mehr, sondern reden schlicht und einfach nicht mehr miteinander – ein Ehemann nannte das mal „schleichendes Getrenntsein".
- Sie kommen zu wichtigen Familienereignissen oft zu spät.
- Ihre Finanzen sind außer Kontrolle.
- Sie glauben sich selbst, wenn Sie sagen: „Bald haben wir wieder mehr Zeit."

Warnzeichen innerhalb Ihres Freundeskreises

- Sie treffen sich gewöhnlich in Ihrer Bürokleidung zum Essen.
- Sie können nicht mehr bei Gesprächen über aktuelle Nachrichten, Sportergebnisse, Kultur und Kino mitreden – Sie haben den Kontakt zur Außenwelt verloren.
- Ihre Augen haben während des Gesprächs einen leblosen Ausdruck und leuchten nur, wenn Sie von der Arbeit sprechen.
- Ihre Freunde rufen Sie nicht mehr an.
- Kurz gesagt: Sie sind ein Langweiler!

Wie Sie wieder auf die Füße kommen

- Denken Sie darüber nach, ob es einen direkten Zusammenhang zwischen Ihrer sinkenden Lebensqualität und Ihrem steigenden Lebensstandard gibt. Die meisten Menschen tauschen ihre Zeit gegen Geld ein. Kann es sein, dass Sie zu weit in diese Richtung gegangen sind? Sollten Sie Ihr Einkommen oder Ihre Ausgaben reduzieren, um den Druck aus Ihrem Lebensstil zu nehmen? Hören Sie nicht mit allem auf, suchen Sie sich einfach andere Tätigkeiten oder Dinge, die weniger kosten. Anders ausgedrückt: „Kaufen Sie sich etwas Zeit." Das könnte auch einige grundsätzliche Entscheidungen betreffen – die Größe Ihres Hauses, was für ein Auto Sie fahren, wie oft Sie im Jahr in Urlaub fahren. Selbst wenn es dazu führt – ein schrecklicher Gedanke –, dass die Leute denken, Ihnen gehe es schlechter: „Früher haben sie sich jedes Jahr ein neues Auto gekauft!"

- Denken Sie darüber nach, ob Ihre Überstunden mehr mit Ihrem Wunsch nach Anerkennung als „harter Arbeiter" als mit der tatsächlichen Aufgabe zu tun haben. Widerstehen Sie der Versuchung, länger bei der Arbeit zu bleiben, um sich oder anderen etwas zu beweisen. Die Menschen, die wirklich frei sind, müssen nichts beweisen. Ein schlauer Vorstandsvorsitzender begrüßte seine neuen Angestellten mit den Worten: „In dieser Organisation kommt es nicht darauf an, wie viele Stunden Sie hineinstecken, sondern was Sie in die Stunden hineinstecken."
- Üben Sie vor dem Spiegel, „Nein" zu sagen. Stellen Sie sich jedes „Ja" wie eine Münze in einem dieser Spielautomaten auf der Kirmes vor, die mit vielen anderen zusammen einen Haufen bildet und eines Tages über den Rand geschoben wird. Ein Manager hat diesen Zustand einmal so formuliert: „Ich stehe da und gucke wie versteinert aus dem Fenster. Ich weiß einfach nicht, was ich als Nächstes tun soll."
- Leisten Sie Ihren Teil, damit in Ihrer Firma eine Arbeitskultur entsteht, in der Leistung wichtiger ist als Überstunden.
- Richten Sie sich nicht auf lange Zeit in einer Firma ein, die Ihre Seele will oder versucht, Ihre Jahre mit Geld oder Macht zu kaufen.
- Setzen Sie einen „Lebensvorstand" ein – drei Menschen, denen Sie vertrauen und die Ihnen mit Rat und Orientierung zur Seite stehen.

Prinzip Nummer zwei

Glauben Sie daran, dass Ihre Tätigkeit von Bedeutung ist

Dienstag, 16. Oktober, 22:10 Uhr

„Versuchen Sie doch bitte, das nächste Mal pünktlich zu sein – ich muss früh zu Bett gehen."
Jack stammelte eine Entschuldigung und versank fast in dem alten Ledersessel. Dann sah er das ironische Funkeln in den Augen des alten Mannes.
„War nur ein Scherz, Jack. Einer der wenigen Vorteile des Alters ist, dass man *weniger* Schlaf braucht, nicht mehr. Jetzt habe ich das Glück, die ganze Nacht durchmachen zu können, nur das Tanzen macht mir leider etwas Schwierigkeiten."
Tom durchquerte das Zimmer und zeigte auf ein altes Foto, das neben dem Kamin hing. „Erkennen Sie das, mein Junge?"
Der junge Mann musste nicht lange überlegen. „Ja, das ist die St.-Pauls-Kathedrale."
„Wissen Sie, Jack, als man sie damals gebaut hat, ging der Architekt, Sir Christopher Wren, einmal auf der Baustelle herum. Er sah einen jungen Arbeiter, der eine Schubkarre fuhr, und fragte ihn, was er da gerade mache. ‚Ich trage nur ein paar Ziegel', war die Antwort. ‚Nein', widersprach Wren, ‚Sie bauen eine Kathedrale.' Dieser große Architekt wusste um die Bedeutung des Prinzips, um das es heute Abend geht ..."

Mein Vater war Briefträger. Er fing bei der Post an, als er 14 Jahre alt war, und seine erste Aufgabe bestand darin, die Verkabelung auf Telefonmasten zu reparieren. Später ging er dazu über, Briefe auszutragen, und das hat er dann sein ganzes restliches Arbeitsleben lang gemacht. Er war schlau, sehr schlau sogar, und so bot man ihm nach seiner Rückkehr aus dem Zweiten Weltkrieg eine weiterführende Ausbildung zum leitenden Angestellten an. Aber während des Krieges war etwas mit meinem Vater geschehen – was genau, werden wir nie erfahren. Er selbst sprach nicht darüber, und den einzigen Hinweis erhielten wir nach seinem Tod, als ich seine Papiere durchging. Ich fand seinen Entlassungsbescheid aus der Armee, in dem ihn sein kommandierender Offizier für besondere Leistungen unter schwierigen Umständen lobte. Mein Vater gehörte dem Nachrichtendienst an, und es könnte sehr gut möglich sein, dass er verdeckt hinter den feindlichen Linien tätig war. Was immer es war – als er 1945 nach Hause zurückkehrte, wollte er keine Unruhe mehr in seinem Leben. Er war nicht auf Ruhm und Ehre aus, er wollte einfach so gut es ging seine Familie versorgen und er wollte Briefe austragen.

Gelegentlich hatte mein Vater Nachtschichten, in denen er die Post sortierte. Eine meiner eindrücklichsten Kindheitserinnerungen ist, wie er sich für diese Nachtschichten abends fertig machte, wenn ich gerade ins Bett ging. Damals hatten wir kein eigenes Badezimmer. Was auch immer gewaschen werden musste – Geschirr, Kleidung oder Körper –, musste also in dem großen Becken in der Küche gewaschen werden. Während ich an diesen Abenden die Schlafenszeit hinauszögerte, hatte ich Gelegenheit, ihn zu beobachten. Als Erstes legte er seine Uniform zurecht, dann rasierte und wusch er sich und schließlich putzte er seine Schuhe.

Die Schuhe meines Vaters waren immer blitzblank sauber. Eines Abends, als ich ungefähr acht oder neun war, sah ich, wie er sogar die Sohle seiner Schuhe putzte. Ich sagte: „Mach das nicht, Papa, das ist Zeitverschwendung, das sieht doch sowieso keiner."

Er blickte zu mir auf und sagte: „Ich sehe es aber."

Die Jahre vergingen, und es kam die Zeit, wo ich von der Grundschule, auf der ich mit allen meinen Freunden aus unserer Straße zusammen gewesen war, aufs Gymnasium wechselte. Das war eine neue Welt für mich. Ich weiß noch, wie unser Lehrer uns eines Tages aufforderte, der Reihe nach laut die Berufe unserer Väter zu rufen. Der Junge neben mir schrie: „Firmenchef", und ich erinnere mich, wie ich so leise wie möglich „Briefträger" flüsterte.

Eines Abends, als mein Vater sich wieder für die Arbeit fertig machte, fragte ich ihn: „Bist du es eigentlich nie leid, einfach nur Briefe in Briefkästen zu werfen?"

Falls ihn meine Frage verletzt hat, ließ er es sich jedenfalls nicht anmerken. Er sagte: „Mein Sohn, dein Vater arbeitet für die *Royal Mail.*" So, wie er es sagte, klang es, als hätte ihn die Queen höchstpersönlich mit dieser Aufgabe betraut. „Die Leute verlassen sich auf mich. Firmen, das Militär und die Polizei, Freunde und Verwandte in Übersee – ich stelle all ihre Briefe zu. Du solltest mich mal einen Tag lang begleiten und sehen, wie mich manche schon an der Tür empfangen, weil sie einen Brief erwarten. Vielleicht hoffen sie, von einer neuen Arbeit zu hören, oder von ihrer Tochter, die sich schon lange nicht mehr gemeldet hat, oder vielleicht hat der Empfänger Geburtstag und ist gespannt, wer ihm eine Glückwunschkarte geschickt hat. Nein, mein Sohn, ich bin es nie leid."

Mein Vater glaubte an den Wert seiner Arbeit.

Kürzlich war ich als Hauptredner zur jährlichen Konferenz der Lebensversicherungsvereinigung eingeladen. Die Delegierten trafen in einem völlig niedergeschlagenen Zustand ein. Im vergangenen Jahr waren die Medien (zum Teil zu Recht) über ihre Misswirtschaft hergefallen. Es war ein faszinierendes Schauspiel. Stephen Horswell, der in diesem Jahr die Präsidentschaft innehatte, hatte ein Team von Rednern zusammengestellt, von denen sich kein einziger dem Thema widmete, wie man einen Verkauf abschließt; es gab keine Seminare darüber, wie man sich verhält, wenn der Kunde sagt: „Danke für Ihr Angebot – ich denk drüber nach"; keine Workshops mit dem Titel „Kalte Akquisition – Zehn Schritte zum Erfolg". Stattdessen war das Programm darauf ausgerichtet, den Teilnehmern den Glauben an sich selbst zurückzugeben und sie in einer Zeit, in der die Branche Veränderungen durchmachen musste, an den ursprünglichen Wert ihrer Arbeit zu erinnern, kurz: ihnen ihren Stolz wiederzugeben.

Ich erinnerte meine Zuhörer daran, dass während des Golfkrieges zwölf Soldaten bei einem Hubschrauberabsturz ihr Leben verloren hatten. Die Versicherung zahlte den Angehörigen dieser Männer ihr Geld aus, obwohl sie die Anträge noch nicht erhalten hatte – ganz zu schweigen davon, dass kein einziger unterschriebener Vertrag vorlag. Das ist etwas, worauf sie stolz sein sollte.

Viele Firmen müssen erst einen gewissen Stolz wiedererlangen für das, was sie tun. Hans Rausing, der schwedische Milliardär und „Vater" des *Tetra Pak*, spricht in Bezug auf seine Erfindung zum Beispiel nicht einfach von Verpackungen, sondern von frischen, unbelasteten Vitaminen für die Kinder dieser Welt. Mir fällt dazu ein Pharmakonzern ein, der eine Unternehmensberatung beauftragte, für eine bessere Motivation und mehr Loyalität der Mitarbeiter zu sorgen. Die Konzernleitung war bereit, Prämienpakete, mehr Urlaubstage, Firmenwagen und andere Annehmlichkeiten in Erwägung zu ziehen. Der Vorstandsvorsitzende ließ der Beraterin freie Hand. Aber diese Beraterin war keine gewöhnliche Beraterin. Sie fing nicht bei den Prämien, sondern bei den Menschen an. Sie ließ im Eingangsbereich, auf den Fluren, in der Kantine und in allen Büros große Plakate anbringen, die Menschen zeigten, deren Leben durch die Medikamente der Firma wortwörtlich gerettet worden waren. Was diese Wissenschaftler, Sekretärinnen oder Reinigungskräfte wirklich brauchten, waren keine Gehaltserhöhungen oder bessere Firmenwagen, sondern der Glaube an den Wert ihrer Arbeit.

Meinem Vater hätte das sicher gefallen. Er glaubte fest daran, dass jede Aufgabe ihren eigenen Wert hat und man sie deshalb so gut wie möglich erledigen soll. Ich habe gesehen, wie er sich im strömenden Regen alle Mühe gab, seine Briefe trocken zu halten. Er fand Befriedigung darin, seine Sache gut zu tun.

Einer der Direktoren einer großen Fluglinie hat einmal gesagt: „Kaffeeflecken auf den Tabletts beweisen unseren Passagieren, dass wir unsere Motoren nicht gründlich warten." Das ist völlig unlogisch – und gleichzeitig absolut wahr. Als Vielflieger weiß ich, wovon ich spreche.

Wenn ich in einer 747 auf die Toilette gehe und die Spülung nicht funktioniert, fange ich sofort an, mir meine Gedanken zu machen: „Sind diese Sauerstoffmasken wirklich da oben an ihrem Platz? Bis jetzt habe ich noch nie welche gesehen." Ich weiß nicht wirklich, was Begriffe wie „Umkehrschub" oder „Intelligente Bremssysteme" bedeuten und das Fahrwerk kenne ich auch nur von dem scheppernden Geräusch beim Ein- und Ausfahren. Aber mit Toilettenspülungen kenne ich mich aus. Ich habe sie schon benutzt, ich habe sie schon repariert, ich habe sogar welche bei mir zu Hause.

Mein Vater und besagter Direktor dieser Fluglinie hätten sich bestimmt gut verstanden. Sie beide haben eine der Grundlagen des Geschäftslebens begriffen: Wenn der Kunde den Eindruck hat, dass er Ihnen gleichgültig ist – weil Sie nicht zurückrufen, weil Sie zu spät liefern oder ihn eine Stunde in der Schlange stehen lassen –, wird er sehr bald auch Ihre Kompetenz in Ihrem Kerngeschäft anzweifeln. Sie mögen der beste Buchhalter der westlichen Hemisphäre sein, aber solange Ihr Kunde Ihnen das nicht glaubt, bleibt das ein Geheimnis zwischen Ihnen und Ihrem Tagebuch.

Ich war auf einer Vortragsreise in Moskau, als ich die Nachricht erhielt, dass mein Vater im Sterben lag. Die russischen Behörden schleusten mich schnell durch den Flughafen; der Start eines British-Airways-Fluges nach London Heathrow hatte sich etwas verzögert und ich erwischte ihn gerade noch. Während das Flugzeug über das nächtliche Europa flog, kamen meine Erinnerungen an meinen Vater hoch: die Dinge, die ich ihm gerne gesagt hätte, und einige wenige, die ich ihm lieber nicht gesagt hätte. Vor allem aber versuchte ich wieder einmal, ihn zu verstehen.

Ich landete am frühen Morgen und wieder ließ man mich schnell durch die Kontrollen. Ein Wagen wartete schon auf mich, um mich sofort zu meinem Vater zu bringen. Ich stieg ein und fragte: „Wie geht es ihm?"

„Es tut mir sehr Leid", sagte der Fahrer, „Ihr Vater ist vor wenigen Stunden gestorben."

Ich weiß noch, wie ich in sein Zimmer kam und ihn

sah. Beinahe rechnete ich damit, dass er einen seiner typischen Sprüche sagte, und doch, als ich ihn mir ansah, kam er mir in so vieler Hinsicht noch immer wie ein Rätsel vor. Er ist arm gewesen und hat doch nie Schulden gehabt. Er hat nicht viel besessen und doch war er der zufriedenste Mensch, den ich je getroffen habe – und an jedem einzelnen Tag seines Lebens hat er seine Schuhe geputzt.

Und er hat Briefe ausgeliefert – 46 Jahre lang. In dieser ganzen Zeit war er nur an elf Tagen krank gewesen. Als er in Rente ging, bekam er einen Orden von der Queen, dafür, dass er die *Royal Mail* ausgeliefert hatte.

Ich weiß nicht, wie ich es besser ausdrücken soll als so: Mein Vater hatte *Würde*. So etwas kann man nicht kaufen. Man erlangt sie auch nicht durch eine noch so gute Erziehung oder einen bestimmten sozialen Status. Mein Vater war stolz darauf, ein Briefträger zu sein. Er glaubte daran, dass seine Arbeit für das Leben anderer Menschen von Bedeutung war. Und wegen dieser Würde war er es sich schuldig, was immer er tat, so gut es ging und mit ganzer Kraft zu tun.

Deshalb hat mein Vater jeden Tag seine Schuhe geputzt.

Die Macht des Vertrauens

Mein Vater glaubte auch an Ehrlichkeit. Mir ist schon klar, dass er bei seiner Arbeit nicht tagtäglich vor moralischen Zwickmühlen stand oder umkämpfte Verhandlungen führen musste, wie sie in manchen Branchen üblich sind, aber ich bin davon überzeugt, dass er auch dort auf die gleiche Weise gehandelt hätte – zu seinem eigenen Schaden vermutlich. Er glaubte, dass er mit seiner Ehrlichkeit auch seine größte Stärke verlieren würde – seinen Charakter. Und Charakter war ihm wichtig. Mutter Teresa hat einmal gesagt: „Kleine Sachen sind tatsächlich klein, aber Treue in kleinen Sachen ist eine große Sache."

Vor einiger Zeit führte eine der großen Personalfirmen New Yorks eine Umfrage unter den Vorstandsvorsitzenden der 100 wichtigsten Unternehmen in der Region durch. Das Besondere war der Gegenstand der Befragung. Es ging nicht um Geschäftssinn, nicht einmal um den Umgang mit dem Personal oder den Kunden. Es ging darum, den Charakter der Befragten zu ermitteln. Man fragte diese Führungskräfte, welche charakterbildenden Verhaltensweisen und Prinzipien ihnen am wichtigsten seien und welche man in der nachwachsenden Generation amerikanischer Führungskräfte in erster Linie fördern sollte.

Und so haben die befragten Männer und Frauen entschieden:

1. Weiche niemals von deinen Prinzipien oder deinem Qualitätsstandard ab, nicht einmal in Angelegenheiten von untergeordneter Wichtigkeit.
2. Sei ausdauernd und gib niemals auf.
3. Habe eine Vision von deinem Ziel und kommuniziere sie regelmäßig.
4. Sei dir bewusst, wofür du stehst, setze hohe Standards und habe trotz der Risiken keine Angst vor komplizierteren Problemen.
5. Sei weniger ein Manager als ein Leiter. Führe durch dein Beispiel.
6. Hole aus anderen das Beste heraus. Stelle die besten Leute ein, die du finden kannst, delegiere dann die Autoritäten und Verantwortlichkeiten, aber halte den Kontakt.
7. Sei selbstbewusst und denke positiv von den Menschen in deiner Umgebung. Vertraue anderen.
8. Übernimm die Verantwortung für Niederlagen und stelle den Verdienst anderer bei Erfolgen hervor. Sei integer und couragiert.

Es gibt keinen Mangel an Schulungen, Büchern oder Videos, die versprechen, einen zum erfolgreichen Manager zu machen. Sie decken Bereiche wie Motivation, strategisches Denken, Teamarbeit und zahlreiche andere „angesagte“ Themen ab. Aber ist es wirklich das, worauf es ankommt? Ich nehme an, eine Umfrage unter hiesigen

Firmen brächte Ähnliches zu Tage wie jenseits des Atlantiks. Die Menschen wollen Leiter, denen sie vertrauen können.

Ehrlich gesagt, bin ich mir nicht sicher, ob diejenigen, auf deren Wort man sich verlassen kann und deren Integrität außer Frage steht, die besseren Jobs bekommen, bessere Verkäufer sind oder mehr Umsatz machen. In Wahrheit ist es leider so, dass Unaufrichtigkeit und Manipulation belohnt werden, sonst wären sie wohl kaum so reizvoll. Aber ich bin mir sicher, dass Menschen, die diesen Lebensstil pflegen, sich immer fragen werden, wann sie es sind, die hereingelegt werden, wann einer derjenigen, denen sie übel mitgespielt haben, plötzlich wieder in ihr Leben kommt, und ob einer von den Kleinen, die sie übers Ohr gehauen haben, nicht eines Tages ein Großer ist und sich rächen wird.

Und ich bin mir sicher, dass diejenigen, die in der Geschäftswelt kaltblütig und skrupellos sind und über Leichen gehen, zwar sehr wohl von einigen für ihren Erfolg bewundert werden, aber wenn diese Menschen irgendwann einmal straucheln, sind ihre einstigen Bewunderer die Ersten, die über sie herfallen. Wenn dagegen ein Mann oder eine Frau mit Integrität keinen Erfolg mehr hat, hat er oder sie immer noch Charakter. Das Einzige, was einen Scharlatan auszeichnet, ist sein Erfolg – und den sollte er besser nicht verlieren.

Frank Davidson war einer der erfolgreichsten Vertragsmanager einer großen Baufirma. Er hatte sich darauf spezialisiert, Projekte, die sich zu einem Passivgeschäft entwickelten, wieder in den profitablen Bereich zu lenken, und das machte ihn zu einem gefragten Mann. Seine Firma hatte den Auftrag bekommen, ein Opernhaus zu bauen. Der Auftrag beinhaltete den Entwurf wie die Ausführung, sodass die Firma vom Anfang bis zum Ende in der Verantwortung stand, und das zu einem vorher ausgemachten Festpreis. Es war nicht leicht gewesen, die Ausschreibung zu gewinnen, und als sie dann endlich den Zuschlag bekamen, gab es bereits die ersten Bedenken, aber inzwischen war die ganze Maschinerie schon so weit angelaufen, dass es kein Zurück mehr gab. Irgendwo in der Firmenleitung schrie jemand in sein Telefon: „Sie ziehen die Sache jetzt durch, aber wehe, Sie bleiben nicht im Etat!“

Schon gleich zu Beginn lief alles schief. Das Gutachten der Geologen erwies sich eher als gut gemeinte Schätzung, und der weiche Boden, von dem man für die Kalkulation ausgegangen war, verwandelte sich plötzlich in Granit. Zehn Wochen gingen für Sprengungen drauf, ehe man überhaupt erst damit anfangen konnte, die Fundamente zu legen. Es gibt ein altes Sprichwort: Wenn die Sache einmal schlecht läuft, wird sie das auch weiter tun – und zwar in einer exponentiellen Kurve. Und so war es auch. Die Brandaufsicht meldete unsinnige Auflagen an, Demonstranten besetzten zehn Tage lang fünf Bulldozer und zwei Kräne und es hörte einen Monat lang nicht auf zu regnen. Drei Monate vor Ablauf der geplanten Bauzeit sah die Firma nicht nur einem enormen finanziellen Verlust, sondern auch einer öffentlichen Blamage entgegen. Zeit also für Frank und sein 100-prozentiges Rettungsprogramm:

Frank verlangt immer als Erstes, dass jeder Vertrag mit den verschiedenen Subunternehmen – Elektriker, Maler, Sicherheitstechniker usw. – genauestens geprüft wird. Seine Leute finden Fehler in der Arbeit dieser Firmen, selbst wenn es keine gibt. Die sind Experten für so etwas und könnten selbst für Michelangelos Deckenfresko in der Sixtinischen Kapelle eine kilometerlange Mängelliste aufstellen. Als Nächstes werden dann alle Zahlungen an diese Subunternehmer eingestellt. In der Regel waren deren monatliche Rechnungen schon zuvor nicht vollständig bezahlt worden, und nun haben diese kleinen Firmen ein echtes Problem. Lassen sie die Arbeit auf der Baustelle liegen und ziehen vor Gericht oder machen sie doch besser bis zum Schluss weiter in der Hoffnung, doch noch ihr Geld zu bekommen? Viele von ihnen haben geringe Gewinnspannen, die Bank sitzt ihnen im Nacken, sie haben Kinder zu versorgen und müssen ihr Haus abzahlen. Solche Leute haben keine Wahl. In den allermeisten Fällen arbeiten sie weiter.

Wenn der Auftrag schließlich abgeschlossen ist, weist

Frank seine Leute an, noch mehr Fehler in der Arbeit der Subunternehmen zu finden, sodass er ihnen nur einen kleinen Prozentsatz dessen zahlen muss, was er ihnen eigentlich schuldet. Die Chefs dieser kleinen Firmen sind außer sich. Einige nehmen sich einen Tag frei und suchen rechtlichen Beistand, aber wenn der Anwalt sich die Mängelliste ansieht und die Größe der Firma berücksichtigt, gegen die sie vorzugehen hätten, rät er ihnen dringend von einem Rechtsstreit ab. In Wohnhäusern in der ganzen Gegend müssen Leute ihren Ehepartnern erklären, warum sie diesen Monat die Abzahlung ihres Hauses nicht leisten können. Sechs Wochen später melden ihre kleinen Firmen Insolvenz an. Die große Baufirma einigt sich mit dem Insolvenzverwalter auf einen Bruchteil der wirklichen Kosten.

Das Traurige an diesem Szenario ist, dass es sich tatsächlich täglich so oder so ähnlich abspielt, und das Allertraurigste ist, dass dies für einige Firmen zu einem Lebensstil geworden ist.

Aber die Geschichte ist noch nicht zu Ende. Wie es heißt, ist Frank gefeuert worden. Offenbar sind einige Rechnungen aufgetaucht, die nicht zurückverfolgt werden konnten, und man beschuldigte Frank, von einigen Subunternehmern Schmiergelder genommen zu haben. Er behauptete, er sei unschuldig, und vielleicht war er das sogar. Aber sein ganzes Leben lang hatte Frank andere Leute übers Ohr gehauen, und sicher, er war ein gerissener Vertragsmanager, aber „man darf ihm nicht über den Weg trauen“. An seinem ersten Tag beim Arbeitsamt begegnete er Clive Harries, einem Elektriker, den er drei Jahre zuvor aus dem Geschäft gedrängt hat.

Heutzutage geht Frank nicht mehr viel aus.

An der oben aufgeführten Liste der von den amerikanischen Vorstandsvorsitzenden gewünschten Eigenschaften gefällt mir die Verbindung von „Integrität“ und „Courage“ beim letzten Punkt. Charakter benötigt oft Courage. Wir alle haben in uns die Neigung, uns den Rücken freizuhalten, jemand anderem die Schuld zu geben und nach einem Sündenbock zu suchen. Und deshalb kostet uns Charakter auch etwas. Charakter bedeutet, dass es an

Ihnen selbst hängen bleibt, wenn Sie etwas falsch machen, und Sie nicht einem Kollegen die Schuld zuweisen. Charakter bedeutet, dass Sie Ihrem Klienten nicht sagen, der Vertrag sei in der Post, wenn er eigentlich erst noch entworfen werden muss, und dass Sie Ihrem Gläubiger nicht sagen, sein Scheck sei unterwegs, wenn Sie selbst erst noch auf das Geld warten. Ganz einfach ausgedrückt bedeutet Charakter, dass Sie die Wahrheit sagen. Sie sagen die Wahrheit, wenn es die Sache einfacher macht, aber auch wenn es Sie etwas kostet, und sogar dann, wenn eine kleine „Notlüge" niemandem schaden würde.

Anita Roddick, die Gründerin des *Body Shop*, hat es so formuliert:

Ich halte immer noch Ausschau nach einer zeitgenössischen Entsprechung der Quäker. Diese Menschen waren in ihren Geschäften erfolgreich, verdienten Geld, weil sie ehrliche Produkte anboten, ihre Angestellten anständig behandelten, selbst hart arbeiteten, auf ehrliche Weise ihr Geld ausgaben und sparten, einen ehrlichen Gegenwert für ihr Geld gaben, mehr zurücklegten als sie verbrauchten und nicht logen.[7]

Die Quäker glaubten daran, dass ein Lebensstil, der Charakter höher einschätzt als Erfolg, dazu führt, dass die Menschen einem Vertrauen entgegenbringen. Ihre Chefs werden Ihnen vertrauen, genau wie Ihre Untergebenen. Sogar einige Kunden werden Ihnen vertrauen! Und auf lange Sicht bringt Vertrauen Gewinn. Er ist vielleicht nicht so hoch, wie er wäre, wenn Sie manipuliert, gelogen und andere über den Tisch gezogen hätten – aber er ist viel angenehmer.

Und anders als Frank werden Sie sich noch auf die Straße trauen können.

Checkliste

Glauben Sie daran, dass Ihre Tätigkeit von Bedeutung ist

- Muss Ihre Firma aufs Neue ihren Stolz in Bezug auf ihre Leistung entdecken?
- Versteht die Person am untersten Ende Ihrer Firma oder Organisation, was Sie tun, wie Sie es tun und warum Sie es tun?
- Wie könnten Sie Ihren Angestellten den Wert Ihrer aller Arbeit kommunizieren?

„Kaffeeflecken auf den Tabletts beweisen unseren Passagieren, dass wir unsere Motoren nicht gründlich warten."

- Was sind die „Kaffeeflecken" in Ihrem Unternehmen?
- Erwägen Sie, eine Unternehmenscharta zu erstellen.

Unternehmenscharta

1. Jedes Jahr werden wir einen Teil unserer Fähigkeiten, Ressourcen und Visionen in die Gesellschaft zurückinvestieren.
2. Wir werden es uns zur Aufgabe machen, unseren Angestellten den Wert ihrer Arbeit bewusst zu machen.
3. Wir nehmen unsere Angestellten als ganze Persönlichkeiten mit an Bord. Soweit es unsere Ressourcen erlauben, werden wir sie in ihrem Leben außerhalb der Arbeit unterstützen. Wir haben erkannt, dass es Unsinn ist zu sagen: „Lassen Sie Ihre privaten Sorgen an der Bürotür zurück."

4. Wir werden unseren Angestellten helfen, ihre Stärken zu entdecken und zu fördern. Wir werden unsere Manager daran erinnern, dass besondere Gaben manchmal an unerwarteten Orten zu finden sind.
5. Wir setzen alles daran, unseren Kunden, unserer Belegschaft und unseren Mitarbeitern mit Integrität zu begegnen.
6. Wir werden keine Überstundenkultur zum bloßen Selbstzweck tolerieren. Es wird Zeiten geben, in denen wir härter, länger und mit größerer Intensität arbeiten müssen. In solchen Zeiten erwarten wir, dass jeder von uns Opfer in Bezug auf sein Privat- und Familienleben bringt, aber wir nehmen dies nicht als einen Lebensstil an.
7. Wir werden versuchen, uns daran zu erinnern, dass Leute in der Regel nicht ihre Arbeitsstellen verlassen, sondern ihre Vorgesetzten. Wir werden Manager finden und fördern, die Respekt und Loyalität wachrufen.
8. *Kurz gesagt: Wir werden ein Unternehmen sein, für das es sich lohnt, morgens aufzustehen.*

Vertrauen und Integrität

- Kann es sein, dass Ihr Unternehmen im Laufe der Zeit damit angefangen hat, seine Integrität und die seiner Angestellten zu kompromittieren?
- Wenn dies so ist, welche Schritte können mit den Kunden oder Klienten und mit den Zulieferern unternommen werden, um wieder ein Vertrauensverhältnis zwischen den Angestellten und der Unternehmensführung herzustellen?
- Erfolgreiche Führungskräfte, die ihre Aufgabe lange ausüben, gründen ihre Beziehungen auf dem Vertrauen:

  - auf ihren Charakter
  - auf ihre Kompetenz

Stephen Covey spricht davon, dass man sich Vertrauen verdienen muss. Er geht davon aus, dass jeder von uns ein „Vertrauenskonto" hat. Wir zahlen darauf ein, indem wir tun, was wir versprechen. Und wir zahlen Kompetenz ein, wenn wir es gut tun. Wir können auch Abhebungen vornehmen und manchmal überziehen wir sogar unser Konto. Manchmal wird es vielleicht von einer anderen Person „aufgelöst", d. h. diese Person hat überhaupt kein Vertrauen mehr zu uns.[8]

Prinzip Nummer drei

Spielen Sie Ihre Stärken aus – Finden Sie Ihren Faktor X

Dienstag, 23. Oktober, 22:05 Uhr

Als er den Hügel zu Toms Haus hinaufstieg, fragte sich Jack, was diesen Mann so sehr von fast allen anderen Menschen unterschied, die er bisher getroffen hatte. Es stimmte, er war wirklich weise und ganz bestimmt war er auch freundlich, aber da war noch etwas anderes. Das wurde ihm klar, als ihm der alte Herr die Tür öffnete und ihn begrüßte. Tom gab ihm das Gefühl, etwas Besonderes zu sein – als hätte er alle Zeit der Welt nur für ihn reserviert.
Der Professor lächelte über das ganze Gesicht. „Bevor ich den Kaffee aufsetze, habe ich eine Frage für Sie: Was ist der schnellste Weg zum Erfolg?"
Der junge Mann verzog das Gesicht, er brauchte erst das Koffein, um sein Gehirn in Schwung zu bringen. „Harte Arbeit?"
Der Ausdruck auf Toms Gesicht verriet ihm, dass das nicht die richtige Antwort war. „Wie wär's mit Durchhaltevermögen?"
Nein, das war es wohl auch nicht.
„Mein Junge, der schnellste Weg zum Erfolg besteht darin herauszufinden, was man am besten kann, und dann jemanden zu finden, der einen genau das tun lässt. Das ist unser nächstes Prinzip ..."

Die meisten von uns haben schon einmal George Orwells „Farm der Tiere" gelesen, aber für den Fall, dass Ihre Schulzeit schon länger hinter Ihnen liegt, will ich Sie kurz an das Ende des Buches erinnern: Die Schweine haben die Farm übernommen, es sind keine Menschen mehr da und die Tiere schmeißen den Laden. Wenn Sie versuchen, sich zu erinnern, fällt Ihnen vielleicht wieder ein, dass die große Überraschung darin besteht, dass die Schweine den aufrechten Gang gelernt haben und jetzt im Farmhaus wohnen. Schlimmer noch, sie sind genauso tyrannisch wie der Farmer, der vorher die Farm geleitet hat. Aber die große Frage, die sich wohl jedem stellt, da wahrscheinlich keiner von uns je eine Farm gesehen hat, die von Schweinen bewirtschaftet wird – die Frage, die Orwell nicht beantwortet hat –, ist die: Wie ist die Geschichte ausgegangen?

Die Wahrheit lautet: Sie haben's vermasselt. Von dem Schwein auf dem Cover der *Time* bis zu dem Unternehmen, das schneller in Konkurs ging, als man Schinken kochen kann. Es stimmt schon, dass sie die besten Berater angestellt hatten, die neueste Technologie besaßen und über einen Businessplan verfügten, der Warren Buffet den Mund wässrig gemacht hätte – aber die Farm lief nicht. Warum? Nun, um das herauszufinden, sollten wir mal bei einer ihrer Vorstandssitzungen Mäuschen spielen. Es ist der 5. Juni 1953, zwölf Schweine sitzen um den Tisch herum, die Vorderpfoten auf das Walnussholz gelegt. Sie rauchen Havannas und husten böse. Frank Trotter, der Vorstandsvorsitzende, spricht gerade:

„Kommen wir jetzt zu Punkt sechs auf unserer Agenda – Werbung. Könnte mir bitte jemand erklären, warum wir nach einem ganzen Jahr noch immer nicht die Werbetafel für die Farm oben an dem großen Baum angebracht haben?"

Chris Bacon, der Chef der Marketingabteilung, rutscht nervös auf seinem Stuhl herum. „Sir, diese Tafel steht seit über einem Jahr bereit. Ich habe geschrien, gedroht und um Unterstützung gebettelt, damit sie da oben angebracht wird, aber sie haben immer neue Ausreden."

Carl Porker, Leiter des operativen Geschäfts, hat seine Antwort schon parat. Mit Entschiedenheit erklärt er: „Es ist nicht so, dass wir es nicht versucht hätten. Aber jedes Mal, wenn wir den Truthahn mit dem Seil zum Befestigen der Tafel den Baum hochschicken, fällt er runter. Gerade letzte Woche hat er es bis zur Hälfte geschafft, aber dann blieb er mit einer Kralle in der Rinde hängen und hat sich praktisch den Hals gebrochen. Das ganze Jahr lang haben wir ihn jeden Tag auf diesen Baum geschickt."

Susan Snouter, Leiterin der Personalabteilung, stimmt ihm zu: „Ich habe diesen Truthahn auf mehr Kletterkurse und Baumbesteigungsfortbildungsmaßnahmen geschickt, als Sie Schlammbäder hatten, aber irgendwie fehlt ihm die richtige Motivation. Ich sage das nicht gerne über einen Kollegen – aber irgendwie bringt er es einfach nicht."

Die Schweine lassen zu ihren Sitzungen nur einen einzigen Nichtvierfüßler zu, den Sekretär, und sogar dieser, die Eule, bekommt nur Zutritt, weil er sich Notizen machen kann. Noch niemals hat er sich getraut, etwas zu sagen. „Sir, bitte entschuldigen Sie, dass ich Sie unterbreche, aber dürfte ich in diesem Fall vielleicht einmal etwas sagen?"

Zwölf Paar Schweineaugen wenden sich ihm zu.

„Wenn es sein muss", sagt der Vorstandsvorsitzende.

„Sir, warum schicken wir nicht das Eichhörnchen mit dem Seil nach oben? Jeder weiß doch, dass der Truthahn sich beim Klettern anstellt wie ein Truthahn."

Der Vorstandsvorsitzende antwortet nicht sofort. Er steht einfach auf und stolpert auf die Eule zu. Auf zwei Beinen ist er nicht sehr sicher und ein-, zweimal muss er sich am Tisch festhalten, aber schließlich hat er es über die ganze Länge des Raumes geschafft und steht dem Sekretär nun von Angesicht zu Angesicht gegenüber.

„Hast du gesehen, was ich gerade gemacht habe?", schreit er den unglücklichen Vogel an.

„Ja, Sir, Sie ... sind gegangen ... aufrecht."

„Nein, Eule, ich bin nicht einfach nur aufrecht gegangen. Ich habe den Aufrechten Gang erreicht. *Und das ist es, woran dieser Vorstand glaubt. Wir sind ein Unternehmen, das keine Grenzen kennt, Eule. Der Truthahn wird auf diesen Baum klettern. Und jetzt raus hier!"*

Die Eule schließt leise die Tür hinter sich und geht mit gesenktem Kopf über den Hof. In der Entfernung kann sie sehen, wie die Kühe nervös auf den Eiern herumrutschen, die sie ausbrüten, die Hühner bewachen den Mais und ihr bester Freund, das Eichhörnchen, geht gerade zum dritten Mal unter, während es im Teich Schwimmunterricht bekommt. Als die Eule an der großen Eiche vorbeigeht, fällt ihr ein Truthahn auf den Kopf.

Der Schlüssel zum Wesen des Erfolges, sowohl für jeden individuell als auch für ein Unternehmen, ist die Entdeckung dessen, was ich den Faktor X nenne, und seine anschließende Nutzung. Der Faktor X ist die Fähigkeit, die natürliche Stärke in einem Mann oder einer Frau, die ihn oder sie von anderen unterscheidet. Das Problem ist nur, dass wir im Privatleben von Menschen gegängelt werden, die wollen, dass wir genauso sind wie sie, und in der Geschäftswelt von Managern, die uns sagen: „Das haben wir schon immer so gemacht." Es kann sein, dass unsere Eltern uns Druck gemacht haben, die berufliche Laufbahn einzuschlagen, die sie sich unter besseren Umständen auch für sich selbst gewünscht hätten. Das Problem ist, dass es sich um *ihren* Traum handelt, nicht um unseren. Ich bin davon überzeugt, dass die meisten Menschen nie die Gelegenheit hatten, über ihre natürlichen Stärken nachzudenken, geschweige denn, sie herauszufinden.

Das ist kein einfaches Thema. Die große Mehrheit aller Angestellten in England arbeitet für kleine Unternehmen mit weniger als 20 Leuten. Es gibt hier das Bedürfnis nach Menschen, die sich anpassen, oft nur, damit der Laden einfach weiterläuft. Das Letzte, was ein Direktor gebrauchen kann, ist eine Audiotypistin, die den ganzen Tag davon träumt, Vertreterin zu sein. Aber davon abgesehen, macht es Sinn, einmal darüber nachzudenken, ob es bei unserem Personal nicht einige Gaben gibt, die nur darauf warten, entdeckt zu werden. Es ist zum Beispiel ziemlich ernüchternd, den Vertriebsleiter unseres größten Konkurrenten zu treffen – für den unsere frühere Sekretärin jetzt arbeitet – und zu erfahren, dass die Person, die einmal unsere Briefe getippt hat, eine unglaubliche Gabe hat und zum dritten Mal in Folge Vertreter des Jahres geworden ist.

Nur zu oft versuchen Unternehmen, die in einem Angestellten ein Aufglimmen des Faktor X bemerken, dies zu kontrollieren, zu reglementieren und schließlich auszulöschen. Es heißt dann häufig: „Sie ist rebellisch“, oder: „So machen wir das aber nicht“, oder: „Das gehört nicht in sein Aufgabengebiet.“ Aber wenn *Sie* das Glück haben, jemanden mit einem Faktor X in Ihrem Unternehmen zu haben – ändern Sie seine Stelle so, dass sie zu ihm passt.

Ich weiß von Unternehmen, deren Unfähigkeit, den Faktor X erblühen zu lassen, zu ihrem Ende geführt hat. Man hat mich oft gebeten, beim Erschließen neuer Geschäftsfelder zu helfen. Da sitzen dann vielleicht 15 Partner in einem Meeting; ihre Firma blutet langsam aus, während sie verzweifelt versuchen, endlich einen neuen Markt zu finden. Als Erstes sage ich: „Ich kenne hier aus Ihrer Runde niemanden, aber ich verwette mein Hemd, dass hier an diesem Tisch jemand sitzt, der zum Entwickeln neuer Geschäfte wie geschaffen ist. Diese Person weiß, wie man Beziehungen aufbaut und Möglichkeiten schafft. Sie träumt von neuen Marketingformen und muss nur einmal die Straße entlanggehen, um mit jeder Menge neuer Arbeit zurückzukommen.“ 14 Köpfe drehen sich zu einer Frau um, Laura, die leicht errötet. Ich senke den Blick auf meine Unterlagen, die die Umsatzvorgaben der einzelnen Abteilungen preisgeben. „Warum muss sie dann 150.000 Pfund Prüfungskosten einbringen? Geben Sie ihr Freiraum.“

Einer der Partner, die von Anfang an gegen einen Berater waren – nennen wir ihn Martin –, sieht dies als seine Gelegenheit. „Aber wir haben sonst niemanden, der ihre Arbeit macht. Wir können uns das nicht leisten.“ An diesem Punkt muss ich meistens nichts weiter sagen, da die anderen Partner schon alle selbst das Wort ergreifen – diese Leute kennen die Antwort bereits, sie brauchten nur jemanden, der sie mit der Nase darauf stößt – „Martin, wir können uns das nicht *nicht* leisten.“

Was für eine Tragödie ist es doch, wenn sich niemand die Zeit nimmt, uns dabei zu helfen, unseren Faktor X zu finden! Und zu was für einem verzweifelten Leben sind wir verurteilt, wenn wir uns die ganze Zeit bemühen müssen, so zu sein, wie andere uns haben wollen.

Eine Bekannte von mir ist die Geschäftsführerin einer

Firma, die sich darauf spezialisiert hat, Leuten dabei zu helfen, ihre Stärken zu entdecken und zu fördern. Sie ist auf der ganzen Welt herumgekommen und hat mit einigen der größten Unternehmen zusammengearbeitet und ihnen geholfen, die natürlichen Gaben ihrer Angestellten und des Managements zu fördern, aber erst vor kurzem sah sie sich ihrer größten Herausforderung gegenüber. Ihre 15-jährige Tochter Sarah war von einer Berufsberatung in der Schule nach Hause gekommen. Sie war gefragt worden, was sie nach der Schule machen wolle. Sofort hatte Sarah geantwortet: „Ich will in den Verkauf." Wie sie erzählte, hätte der Lehrer auch nicht enttäuschter gucken können, wenn sie gesagt hätte, sie wolle Bettlerin in der Bronx werden. Deshalb hatte sie schnell hinzugefügt: „Oder vielleicht gehe ich zum Theater. Das könnte mir auch gefallen. Manchmal denke ich, ich könnte Schauspiellehrerin werden." Darauf war der Lehrer gleich eingegangen und hatte Sarah mit einem Stapel von Büchern zu diesem Thema nach Hause geschickt, die ihr helfen sollten, dieses ehrenwerte Ziel zu erreichen.

An diesem Abend sah meine Bekannte den verzweifelten Blick ihrer Tochter und machte ihr erst einmal einen Kaffee, während diese von ihrer Erfahrung mit dem Thema Berufswahl erzählte.

„Sarah, magst du Theater?", fragte meine Bekannte dann.

„Mama, ich liebe Theater."

„Magst du Kinder?"

„Mama, ich kann Kinder nicht ausstehen."

In diesem Moment bekam die Mutter ihren eigenen Nachwuchs zum Klienten. Sie ging mit Sarah ihren Gabentest durch. Das Ergebnis überraschte niemanden, außer ihren Berufsberater. Sarah war für den Verkauf geboren. Als mir meine Bekannte von der Sache erzählte, sagte sie: „Ich habe nicht nur Sarah vor Generationen von Kindern bewahrt. Ich habe auch Generationen von Kindern vor Sarah bewahrt."

Wayne Gretzky ist wahrscheinlich der größte Eishockeyspieler aller Zeiten. Er hält 61 NHL-Rekorde, unter anderem für die meisten Tore, Vorlagen und Punkte.

Neunmal ist er zum Spieler des Jahres gewählt worden und er hat außerdem noch zahlreiche andere Ehrungen erfahren. Auf dem Höhepunkt seiner Laufbahn ließ Gretzky einige der besten Verteidiger aussehen, als wären sie zum ersten Mal auf dem Eis. Ich habe einmal eine Sportpsychologin gefragt, worauf sie seinen Erfolg zurückführe. Sie sagte: „Dieser Mann kann das Spielfeld von oben sehen." Ich bat sie, das näher zu erklären. „Die meisten Eishockeyspieler haben ein peripheres Blickfeld von 20°–25°. Das von Gretzky beträgt 40°. Manchmal wirkt es so, als schwebe Gretzky über dem Spielfeld, sodass er das ganze Geschehen verfolgen kann. Wer auch immer Gretzky so geschaffen hat, er wollte, dass er Eishockey spielt." Das passt zu dem, was er selbst sagt, denn als man ihn einmal fragte, was er für das Geheimnis seines Erfolges halte, lautete Gretzkys Antwort: „Ich fahre dahin, wo der Puck hinkommt." Ich fragte die Sportpsychologin, ob man diese Art von Intuition neuen Spielern antrainieren könnte. Sie kam eine halbe Stunde lang nicht aus dem Lachen heraus.

Stellen Sie sich einmal für einen Moment den dreijährigen Gretzky auf dem Weg zu seinem ersten Eishockeytraining vor. Plötzlich hat sein Vater Bedenken. „Eishockey ist doch ein ganz schön harter Sport", denkt sich Gretzy senior, „vielleicht fängt er besser erst mal mit Klavier spielen an." Er tritt auf die Bremse und fährt statt zum Eisstadion zu Mrs Arkwrights Schule für junge Musiker. Gretzky lässt diese Klavierstunden ein Jahr lang über sich ergehen. Er ist wahrscheinlich der schlechteste Pianist, seit es Klaviere gibt. Er bittet seinen Vater, dass er aufhören darf, aber sein Vater sagt: „Nein, mein Vater wollte auch immer, dass ich Pianist werde." Bei seinem ersten Konzert wartet Waynes Vater geduldig auf den Auftritt seines Sohnes. Und schließlich ist der Moment gekommen. Wayne Gretzky, vom Himmel mit einem 40°-Blickfeld gesegnet, Wayne Gretzky, geboren, um einen Puck aus 36 Metern Entfernung an einem Verteidiger vorbei in ein 1,83 Meter mal 1,22 Meter großes Tor zu schlagen, *Gretzky der Große* beginnt Mozarts Klavierkonzert Nr. 25 in C-Dur. Während sich Wayne durch eines der schönsten Musikstücke, die je komponiert wurden, windet und quält, dringen hoch über der Erde zwei Entsetzensschreie durch die Nacht. Der eine stammt von dem Engel, der bei der Erschaffung dieses „Genies auf dem Eis" behilflich war, und der andere stammt von ... Mozart.

Vor einiger Zeit sah ich ein „Motivationsposter", auf dem stand: „TEAM buchstabiert man nicht I-C-H". Nun ja, wer sich das ausgedacht hat, kennt sich mit der Rechtschreibung aus, die Philosophie aber, die dahinter steckt, kann für ein Unternehmen tödlich sein. Hervorragende Teams bestehen aus ausgezeichneten Persönlichkeiten, denen ermöglicht wird, ihre jeweiligen Stärken auszuspielen. Ich warte noch darauf, dass Alex Ferguson, der Manager von *Manchester United*, seinen Torwart Freistöße trainieren lässt. Wer würde das tun, wenn er einen Beckham in der Mannschaft hat? Hervorragende Mannschaftskapitäne und hervorragende Manager besitzen dieselben Fähigkeiten: Sie schaffen Teamgeist und ermöglichen zur gleichen Zeit persönliche Bestleistungen.

Wie können Unternehmen diejenigen effizient belohnen, die besondere Stärken haben? Indem sie ihnen mehr Gelegenheiten geben, ihre Stärken einzusetzen. Wenn Sie einen herausragenden Verkäufer haben, denken Sie vielleicht, Sie tun ihm einen Gefallen, indem Sie ihn aus dem Außendienst holen und zum Manager befördern. Aber wir müssen irgendwie eine Kultur schaffen, in der er sich und seine Arbeit geschätzt weiß und doch weiterhin das tun kann, was er wie kein anderer kann. *Geben Sie ihm kein größeres Büro, geben Sie ihm eine größere Herausforderung.*

Was ist tragischer als jemand, der verbissen auf eine Beförderung hinarbeitet, die in Wahrheit seine eigentlichen Stärken verkümmern lässt und jeden in den Wahnsinn treibt? Dieses Problem wird dadurch verursacht, dass in so vielen Unternehmen Erfolg auf diese eingeschränkte Weise gemessen wird. Aber herausragende Manager erschaffen ihre eigenen Erfolgsleitern. Sie erkennen, dass man manchmal die Stelle auf die Person zuschneiden muss. Anders ausgedrückt: *Entwickeln Sie Ihre Stärken und suchen Sie sich Leute, die die Arbeitsbereiche abdecken, in denen Sie selbst Schwächen haben.*

Anita Roddick erinnert sich, dass ihre Mutter ihr immer gesagt hat: „Anita, sei etwas Besonderes, sei alles, nur nicht mittelmäßig."[9] In dem Film *Chariots of Fire* sagt Eric Liddell, ein Olympia-Goldmedaillengewinner: „Gott hat mich schnell gemacht, und wenn ich laufe, fühle ich seine Freude." Liddell hatte seinen Faktor X gefunden. Ich glaube, dass jeder von uns die Verantwortung hat, mindestens einer Person zu helfen, den ihren zu finden. Das gilt für Eltern und Lehrer genauso wie für Vorstandsvorsitzende eines Unternehmens. Menschen sind unsere größte Stärke. Unsere Konkurrenten können unsere Technologien kopieren, aber sie können nicht unsere Leute kopieren. Und Menschen, denen es ermöglicht wird, ihre Stärken auszuspielen, sind eine gewaltige Macht.

In dem Film *Patton* spielt George C. Scott den Titelhelden. In einer Szene schaut er mit dem Fernglas ein langes Tal ab. Er beobachtet, wie sein Erzfeind Rommel seine Panzer am anderen Ende des Tales in Position bringt. Patton greift ihn über die Flügel an und landet einen entscheidenden Sieg. Als er nach der Schlacht noch einmal darüber nachdenkt, sagt er: „Rommel, alter Fuchs – ich habe dir in die Karten geschaut."

General Patton hatte sich die Zeit genommen, seinen Widersacher zu verstehen. Im Geschäftsleben ist es genauso wichtig, unseren Kollegen, unseren Angestellten – unseren Leuten – „in die Karten zu schauen", um zu verstehen, warum und wie sie handeln. Und unsere eigenen Karten sollten wir nach Möglichkeit auch kennen.

Sie und ich werden niemals hinter das Wesen des Erfolges kommen, solange wir nicht unsere Stärken kennen und diejenigen finden, die uns erlauben, sie auszuspielen. Aber beeilen Sie sich, die Zeit drängt. Quentin Crisp hatte Recht: „Es hat keinen Sinn, 30 Jahre lang eine Schweinefarm schlecht zu bewirtschaften, während man eigentlich lieber Balletttänzer geworden wäre. Irgendwann lassen einen die Schweine nicht mehr los."

Checkliste

Wie sieht es bei Ihnen persönlich aus?

Die meisten Menschen haben mehr Zeit damit verbracht, ihre Tennisschuhe zu putzen, als über ihre Stärken nachzudenken. Fangen Sie deshalb heute mit einer Recherchearbeit an – über sich selbst!
Verabreden Sie sich mit jemandem zum Kaffee, dessen Meinung Sie schätzen und auf dessen Verschwiegenheit Sie sich verlassen können. Stellen Sie die folgenden Fragen:

- Was hältst du für meine größte Gabe oder Fähigkeit?
- Kannst du dir irgendwelche Maßnahmen vorstellen, die dazu führen, dass ich diese Gabe noch besser nutzen kann?
- Bin ich in der richtigen Organisation/Firma?
- Was glaubst du, wo ich für meine Organisation/Firma von größtem Nutzen sein kann?
- Gibt es eine Fähigkeit, die meine Organisation/Firma verlangt, die ich mir noch aneignen könnte?

Fragen Sie sich selbst:

- Wenn ich die Wahl hätte: Welche Arbeit oder Rolle würde ich gerne einmal ausprobieren?
- Welche Aufgaben fallen mir leicht?
- Verbringe ich wirklich den Großteil meiner Zeit damit, meine Stärken auszuspielen?
- Wie wichtig ist es mir, die Gelegenheit zu haben, das zu tun, was ich am besten kann? Was wäre, wenn ich für diese Gelegenheit auf Beförderungen und Gehaltserhöhungen verzichten müsste?

Wie sieht es in Ihrer Firma aus?

- Gibt es bei uns ein Prozedere, das es mir ermöglichen würde, die verborgenen Stärken meiner Angestellten zu erkennen?
- Hat unsere Honorierungspolitik versehentlich dazu geführt, dass der Faktor X unserer Angestellten unter den Tisch fallen gelassen wurde?

Das Leben ist für niemanden leicht. Aber was nützt uns diese Erkenntnis? Wir müssen Durchhaltevermögen haben und vor allem den Glauben an uns selbst. Wir müssen davon ausgehen, dass wir eine besondere Gabe haben und dass diese Gabe zur Geltung kommen sollte – egal, was es uns kostet.
Marie Curie

Prinzip Nummer vier

Glauben Sie an die Macht von Träumen

Dienstag, 30. Oktober, 22:05 Uhr

Jack saß geduldig auf seinem Platz, während Tom sich umständlich seine Pfeife anzündete. Schließlich warf ihm der Professor durch die Rauchschwaden einen Blick zu: „Mein Junge, ich habe eine Frage für Sie, deren Antwort man schon im Grundstudium kennen sollte. Wer hat gesagt: ‚Sie können jede Farbe nehmen, Hauptsache, sie ist schwarz'?"
Der Student antwortete mit der vollen Ernsthaftigkeit eines Viertklässlers: „Henry Ford!"
„Korrekt. Aber jetzt erzähle ich Ihnen etwas über diesen Mann, das Sie noch nicht wissen. Als Ford mit seinem Geschäft anfing, lud er einen Berater ein, der sein Unternehmen beurteilen sollte. Als er den Berater durch seine Firma führte, kamen sie an einem Mann in einem Sessel vorbei, der die Füße am Kamin hochgelegt hatte und eine Pfeife rauchte. Ford sagte: ‚Dieser Mann ist über jedes Urteil erhaben – er hat mir mehr Geld beschert und gespart als alle anderen zusammen.'"
Der Professor zog an seiner Pfeife, als sei er selbst dieser Mann in Henrys Firma und sagte: „Wir brauchen mehr solcher Leute, mein Junge – wir müssen die Träumer finden. Holen Sie Ihren Stift raus und schreiben Sie mit ..."

Als ich ein kleiner Junge war, machten sich meine Schwestern immer über mich lustig. Sie nannten mich den „Träumer". Und sie hatten Recht. Ich war nicht gut in der Schule, für die Fußballmannschaft hat es auch nicht gereicht – ich saß am liebsten einfach da und träumte vor mich hin. Manchmal setzte ich mich vor das Kohlenfeuer im Wohnzimmer und verlor mich völlig im Labyrinth der Flammen und glühenden Asche und fantasierte. Ich erinnere mich nicht mehr daran, was ich mir damals alles ausmalte, aber ich denke, es ging um Dinge wie eine Eins in Mathe zu schreiben, das entscheidende Tor in einem Fußballspiel zu schießen oder in späteren Jahren mal eine Verabredung mit Carol Perkins zu bekommen, die in unserer Straße wohnte und trotzdem so unerreichbar war, es sei denn, man war fünf Jahre älter als sie und hatte ein Motorrad. Es ist jetzt 40 Jahre her, dass ich vor dem Kohlenfeuer saß und träumte, aber manchmal wünschte ich, ich könnte mich noch einmal in dieses Kind hineinversetzen. Das Problem bei den allermeisten Geschäftsleuten ist, dass sie eines Tages mit dem Träumen aufgehört haben. Es waren ihre Träume, die sie inspiriert haben und die sie Notizen auf die Rückseiten von Briefumschlägen kritzeln ließen, es waren ihre Träume und verrückten Ideen, mit denen sie ihren Freunden auf die Nerven gingen und die Geduld ihrer Bank strapazierten. Aber inzwischen haben sie ihr eigenes Unternehmen aufgebaut. Ihre Freunde bewundern sie nun vielleicht und von der Bank bekommen sie zu Weihnachten Grußkarten – aber mit dem Träumen haben sie aufgehört. Jetzt sind sie lediglich Verwalter. Manchmal denke ich, wenn der *Virgin*-Chef Richard Branson etwas in seinem Geschäft richtig gemacht hat, dann ist es, dass er nie erwachsen geworden ist. Er verbringt sein halbes Leben mit Träumen.

Den wohl berühmtesten Traum der Welt hatte Dr. Martin Luther King: „Ich habe einen Traum, dass meine vier kleinen Kinder eines Tages in einer Nation leben werden, in der sie nicht nach der Farbe ihrer Haut, sondern nach ihrem Charakter beurteilt werden. Ich habe den Traum heute ..." Sein Traum inspirierte Millionen von Menschen, etwas zu verändern, auch wenn die ganze Welt ihnen entgegenschrie: „Euer Traum wird nie in Erfüllung gehen." Aber Träume bewegen etwas – Unternehmen, Einzelpersonen und sogar die Gesellschaft. Gott hat uns geschaffen, damit wir Träume haben. Robert Browning hat geschrieben: „Dass eines Mannes Streben weiter reiche als sein Arm – wofür sonst gäbe es wohl einen Himmel?“

Und doch erinnert allein das Wort „Träumer“ an jemanden, der nie etwas getan bekommt. Das ist jedoch kein Grund, mit dem Träumen aufzuhören. Wir müssen die Macht des Traumes lediglich mit einigen handfesteren Strategien verbinden, die unsere Wünsche tatsächlich wahr werden lassen können. Wenn Sie schon Träume hatten, diese aber nie in Erfüllung gegangen sind, könnten die folgenden Seiten Ihr Leben verändern. Wenn Sie einen „Träumer“ in Ihrer Firma haben, feuern Sie ihn nicht. Wenden Sie stattdessen die folgenden Strategien an. Damit können Sie eine der stärksten Kräfte überhaupt freisetzen – diejenige nämlich, die entsteht, wenn man einen Träumer mit einem Traumfänger zusammenbringt.

Jeder Träumer braucht einen Traumfänger

Während ich hier sitze und dieses Buch schreibe, fällt mein Blick auf die Wand gegenüber von meinem Schreibtisch, an der eine Art großes Fischnetz hängt. Es ist ein metallener Ring, an dem zwei verschieden große Netze befestigt sind. Der Rand ist mit Federn geschmückt. Ich hatte schon von diesen Netzen gehört, aber noch nie eins gesehen, bis ich vor kurzem einen kleinen Laden betrat, der Waren aus einem amerikanischen Indianerreservat verkaufte. Und dort hing er von der Decke: der Traumfänger.

Wir alle kennen die Gefahren, denen Träumer ausgesetzt sind: Sie haben den Kopf in den Wolken, sie gehen halsbrecherische Risiken ein und die Realisierung ihrer Träume ist unter Umständen nicht nur unwahrscheinlich, sondern schlichtweg unmöglich. Es ist eine Sache, wenn das hässliche Entlein davon träumt, eines Tages ein Schwan zu sein, aber eine andere, wenn sein Traum darin besteht, eines Tages ein rosa Flamingo zu sein. Aus all diesen Gründen braucht der Träumer wenigstens eine Person, mit der er seinen Traum teilen kann, eine Person, die ihn ermutigt, die ihn manchmal ein wenig auf den

Boden der Tatsachen zurückholt und die ihn gegebenenfalls auf das „Flamingo-Syndrom“ aufmerksam macht. In der Bibel heißt es im Buch der Sprichwörter: „Rettung ist dort, wo viele Ratgeber sind“ (Kapitel 11, Vers 14). Es ist albern und arrogant zu glauben, dass niemand anderes unseren Traum verstehen und uns dabei helfen könnte.

Aber es ist entscheidend, dass die Menschen, die wir ins Vertrauen ziehen, Männer und Frauen mit Weitblick sind, solche, die man manchmal als „Macher“ bezeichnet. Ich nenne sie Traumfänger. Wenn ihnen ein Berg im Weg steht, sagen sie nicht: „Wir müssen umkehren.“ Sie fragen vielmehr: „Wie kommen wir darüber hinweg oder drum herum oder wie können wir das Ding beiseite schaffen?“ Traum*töter* sagen: „Das ist der höchste Berg, den ich je gesehen habe. Ich wette, da sind schon Leute drauf gestorben, die ihn überqueren wollten – bestimmt sogar heute schon.“

Viele Menschen, deren Träume nie in Erfüllung gegangen sind, haben einfach nur den falschen Leuten davon erzählt. Sie sind vielleicht einer von ihnen. Sie sind vielleicht zu Ihrem Chef gegangen oder haben Ihren Freunden und Ihrer Familie von Ihrer neuen Idee erzählt, ganz Feuer und Flamme, aber mit dem Eimer kalten Wassers, der schon hinter der Tür wartete, haben Sie nicht gerechnet. In meinem Leben hat es Gelegenheiten gegeben, bei denen ich Teil der Lösung sein durfte, die dazu geführt hat, dass Menschen ihre Träume realisieren konnten, ebenso kam es aber leider auch schon vor, dass ich Teil des Problems war, das der Realisierung eines Traumes im Wege stand. Ich will Ihnen von einem Beispiel für Letzteres erzählen.

Ich stand mit einem Mann und einer Frau vor einem Stück Land. Er war behindert; schon seit mehr als zehn Jahren saß er im Rollstuhl. Die beiden lebten von der Sozialhilfe. Sie hatten mir von ihrem Traum erzählt, ein Freizeitheim für Behinderte zu bauen. Er sagte: „Ich möchte hier einen Abenteuerparcours für behinderte Kinder bauen. Kinder im Rollstuhl müssen auch mal etwas Gefährliches machen – auch wenn mal einer aus dem Rollstuhl fällt.“

Aus meiner Sicht war dies ein klarer Fall von „Flamingo-Syndrom“ und ich warnte die beiden vor unrealistischen Zielsetzungen. Sie bedankten sich höflich für meinen Rat, aber ihre Enttäuschung war ihnen anzumerken. Vielleicht hatte ich sie auch verärgert, aber kaum hatten wir uns voneinander verabschiedet, machten sie sich daran, ihren Traum in die Tat umzusetzen. Sie suchte sich eine Stelle als Krankenschwester, er fing damit an, Möbel zu bauen und sie an Freunde und Bekannte zu verkaufen. Schließlich hatten sie genug Geld zusammen, um sich ein kleines Häuschen mit Terrasse zu kaufen, das man im Makler-Jargon als „stark renovierungsbedürftig“ bezeichnet hätte. Sie verzichteten auf alles, worauf sie verzichten konnten, und stecken ihr ganzes Geld in ihr neues Eigentum. Tag und Nacht arbeiteten sie an dem Haus und verkauften es schließlich mit einem guten Gewinn. Davon kauften sie ein Grundstück und liehen und erbaten sich Werkzeug, Rat und Hilfe, wo es nur ging. Sie entwarfen und bauten ein Haus, in dem Behinderte und Nichtbehinderte Seite an Seite leben konnten. Eine große Zeitschrift brachte mehrere Artikel über den Fortschritt des Projektes. Nach drei Jahren verkauften sie es und steckten das Geld in die Erfüllung ihres Traumes.

Der Mann starb vor einigen Monaten ganz plötzlich, aber er hat noch miterlebt, wie Tausende von Kindern auf der Farm, die er für sie gebaut hatte, Urlaub gemacht haben, wie sie die Hühner gefüttert und die Kühe gemolken haben und wie einige von ihnen auf dem Abenteuerparcours aus dem Rollstuhl gefallen sind. Und er war von der Regierung noch in eine Kommission für die Planung und Durchführung von Behindertenprogrammen berufen worden. Er hat seinen Traum eingefangen und er hat gesehen, wie dieser Traum wahr wurde.

Sicher gab es auch viele Enttäuschungen und Rückschläge auf dem Weg dahin. Aber mit Rückschlägen leben zu lernen gehört zum Handwerkszeug eines Träumers. Ein Unternehmensberater hat mir einmal gesagt: „Es dauert 15 Jahre, bis man über Nacht Erfolg hat.“ Ich kann das sehr gut nachvollziehen, und ich bezweifle nicht, dass es in diesen 15 Jahren scheinbar unzählige Rückschläge gibt. Ich sage „scheinbar", denn einen effizienteren Lehrmeister als Rückschläge gibt es nicht.

Theodore Roosevelt hat es so ausgedrückt:

„Es kommt nicht auf den Kritiker an, auf denjenigen, der aufzeigt, wo der starke Mann ins Straucheln gekommen ist oder wo man etwas hätte besser machen können. Das Verdienst gebührt dem Mann, der sich in die Arena wagt, dessen Gesicht von Staub, Schweiß und Blut verschmiert ist, der mit aller Kraft kämpft, der Fehler macht und immer wieder hinten liegt, der die größte Begeisterung, die größte Hingabe kennt und sich für eine ehrenvolle Sache aufopfert, der im besten Falle den Triumph erlebt, etwas erreicht zu haben, und, falls er scheitert, doch wenigstens scheitert, weil er alles gewagt hat. Dieser Mann hat nichts gemeinsam mit jenen kalten und ängstlichen Seelen, die weder Sieg noch Niederlage kennen."[10]

Heutzutage gehe ich mit den Träumen anderer Leute etwas vorsichtiger um. Träumer sind gefährliche Menschen. Sie brechen die Regeln, sie bringen einen mit ihrer Starrköpfigkeit zur Verzweiflung, aber ohne sie wäre die Welt trostloser. Diejenigen von uns, die ihnen begegnen, täten gut daran, in ihrer Gegenwart etwas Demut zu beweisen, denn auch wenn sie manchmal scheitern, scheitern sie, während sie sich ausstrecken und anstrengen. Und hin und wieder lassen sie ihren Traum wahr werden.

Diejenigen, die sagen: „Das geht nicht", sollten nicht denjenigen im Weg stehen, die zeigen, dass es geht.

Träumen Sie nicht nur – pflanzen Sie einen Samen

Auch wenn ich nicht glaube, dass eine Pflanze dort wächst, wo kein Samen gewesen ist, habe ich großes Vertrauen in Samen. Überzeugen Sie mich davon, dass Sie einen Samen gepflanzt haben, und ich mache mich auf Wunder gefasst.

Henry David Thoreau, „Die Artenfolge der Waldbäume"

Vor kurzem war ich als Gastredner bei einer Konferenz für Führungskräfte eingeladen. Ich setzte mich in die letzte Veranstaltung, in der einer der anderen Redner noch einmal die Herausforderungen des bis dahin Gesagten auf den Punkt brachte. Er sagte: „In den letzten 24 Stunden haben wir begabte Männer und Frauen gehört, die uns motiviert haben, unseren Unternehmen und unserem Privatleben Bedeutung zu geben – die Dinge, die wir gehört haben, sind wie eine Hand voll Samen – wenn wir sie nicht säen, werden sie niemals wachsen." Er hatte Recht. Ich zum Beispiel sitze manchmal einen ganzen Tag in einem Seminar und nehme anschließend nur eine einzige gute Idee mit nach Hause, die ich umsetzen will. Das Problem, das so viele von uns haben, besteht nämlich darin, dass wir so eine Veranstaltung zwar mit einem voll geschriebenen Notizblock verlassen können, aber in unserem Herzen wissen, dass keine dieser Ideen je Frucht bringen wird, weil wir nach dem Ende des Seminars gleich wieder unter den Druck des Alltags geraten und wir einfach keine Zeit haben, sie alle umzusetzen.

Anschließend präsentierte der Redner einen Tisch mit Dutzenden kleiner Tontöpfe. Daneben stand ein Sack Erde und in der Hand hielt er ein Häuflein Samen. Er lud jeden Teilnehmer ein, nach vorne zu kommen und gleich dort an Ort und Stelle einen Samen in einen der Töpfe zu setzen. Er sagte, es gebe drei Bedingungen, um eine Vision wachsen zu sehen: Zuerst brauche man einen Samen, dann müsse man ihn auch tatsächlich pflanzen, und drittens schade es auch nichts, wenn man ihm hin und wieder etwas Wasser gebe!

Ein Teilnehmer nach dem anderen kam also nach vorne und pflanzte einen Samen. (Wenn sie sich an die dritte Bedingung erinnert haben, dürften sie in der Zwischenzeit eine ausgewachsene Pflanze haben.) Ein Mann machte jedoch nicht mit. Er nahm sich zwar einen Topf, und ich habe auch gesehen, wie er etwas Erde hineintat. Ich stand dabei, wie ihm der Redner den Samen gab. Aber er steckte ihn in seine Tasche. Vielleicht wollte er sich nicht die Hände schmutzig machen, vielleicht fand er das Ganze aber auch unter seiner Würde. Aber wahrscheinlich dachte er einfach: „Das mache ich später.“ 40 Menschen verließen diesen Raum, nachdem sie gerade einen Traum ausgesät hatten - und ein Mann ging mit dem Traum in seiner Tasche.

In den letzten 25 Jahren bin ich zahllosen Männern und Frauen mit Visionen begegnet.

Diese Menschen habe Träume für ihre persönliche Laufbahn, für ihre Abteilung und für ihre Firma. Es ist aufregend, in der Gesellschaft solcher Charaktere zu sein - sie werden Dinge in Bewegung setzen! Und doch bekommen so wenige Visionen je die Chance zu scheitern, geschweige denn, in Erfüllung zu gehen.

Es gibt einige Wörter, die man in jeder Sprache sofort versteht. Sie können am John-F.-Kennedy-Flughafen in New York wie auch auf der *Entebbe Street* in Uganda oder auf dem Roten Platz in Moskau „Taxi“ rufen - es wird an jedem dieser Orte verstanden. Sie können vielleicht nicht Spanisch, Chinesisch oder Italienisch sprechen, aber wenn Sie „Hotel“ sagen, zeigt Ihnen jemand in Madrid, Peking oder Rom die richtige Richtung. In der Liste dieser allgemein verständlichen Wörter gibt es auch einige Neuzugänge, nämlich die Namen der „Milliarden-Dollar-Marken“, wie zum Beispiel „McDonald's“.

Aber wie begann die Geschichte von McDonald's? Die offizielle Version besagt, dass alles mit einem Mann namens Ray Kroc anfing, der vor einem Hamburger-Imbiss im kalifornischen Fresno stand und davon träumte, eines Tages in den gesamten USA solche Hamburger zu verkaufen. Aber so stimmt das nicht ganz - denn ein Traum alleine macht noch kein Geschäft. Nein, tatsächlich fing es an, als Kroc einen Anruf machte. Er nahm den Hörer von der Gabel und erkundigte sich, was einige Brötchen und etwas Rindfleisch kosteten. Es ging los, als er ... anfing. Ein chinesisches Sprichwort lautet: „Auch eine Reise von tausend Meilen beginnt mit einem Schritt.“

Und das gilt nicht nur für die Geschäftswelt. Beinahe jeder Mensch, dem Sie begegnen, hat einen Traum. Ich unterhalte mich oft mit Leuten, die mir erzählen, dass sie eines Tages ein Buch schreiben, eine Fremdsprache lernen, mehr Sport treiben oder mehr Zeit mit ihrer Familie verbringen wollen. Jeder dieser Träume ist ernst gemeint. Und doch werden wenige dieser Träume je eingefangen – wenige dieser Träume werden je umgesetzt werden. Wenn Träume die Hoffnung darstellen und der Schlüssel zu ihnen im Anfangen liegt, was hält uns dann davon ab, anzufangen und unserer Vision Leben zu geben?

Der Hauptgrund, der meistens angeführt wird, ist Zeit. Wir sagen: „Wenn ich nur mehr Zeit hätte ...“, oder: „Wenn ich in Rente gehe, fange ich an zu malen“, oder: „Wenn ich erst mal die Beförderung kriege, habe ich mehr Zeit für dich und die Kinder.“ Faszinierenderweise stellen wir jedes Mal fest, dass wenn wir mehr Zeit haben, auch diese sehr schnell wieder verplant ist. Jahrelang hat man uns einen Assistenten versprochen – einen Mann oder eine Frau, die den ganzen Papierkram für uns erledigt, damit wir wieder das tun können, was unsere Firma ursprünglich einmal erfolgreich gemacht hat. Und plötzlich ist diese Person nun da. Haben wir jetzt die Zeit, unsere Visionen in die Tat umzusetzen? Wohl kaum. Diese „neue“ Zeit wird irgendwie aufgefressen. Man kann gar nicht genau sagen, woran es eigentlich liegt – irgendwie ist das Leben einfach immer noch so hektisch. Schließlich fragen wir uns, wie wir es vorher ohne Assistenten überhaupt geschafft haben.

Und so beschäftigen wir uns dann damit, immer mehr „Zeit sparende Geräte“ zu erfinden. Hatte Ihre Urgroßmutter vielleicht eine Spülmaschine, einen Kühlschrank von der Größe einer Abstellkammer, einen Computer mit E-Mail-Zugang oder sonst irgendeins der zahllosen „Zeit sparenden Geräte“, die Sie besitzen? Funktionieren die für Sie überhaupt? Haben Sie mehr Zeit, als Ihre Urgroßmutter sie hatte? In unserer Familie ist es so, dass wir die meiste Zeit damit verbringen, unsere „Zeit sparenden Geräte“ zur Reparatur zu bringen. Neulich versuchte uns ein Vertreter davon zu überzeugen, dass wir einen Teppichklopfer brauchen, damit wir nicht jeden Tag den Staubsauger rausholen müssen. Wir hätten ihn beinahe gekauft, bis uns klar wurde, dass wir damals den Staubsauger gekauft hatten, damit wir nicht jeden Tag den Teppichklopfer rausholen müssen.

Ich begegne selten Leuten, die mir sagen, dass sie jede Menge freier Zeit haben. Ob es sich um einen Firmenchef, eine allein erziehende Mutter, einen Bäcker, einen Studenten oder eine Krankenschwester handelt, sie sagen: „Ich hab so einen Stress“, oder: „Der Tag hat einfach nicht genug Stunden.“ Lassen Sie uns einmal darüber nachdenken. Jeder Tag hat genau dieselbe Anzahl Minuten, nämlich 1.440. Wie viele hätten Sie denn gerne? Stellen Sie sich vor, ich hätte einen Zauberstab und könnte Ihnen 20 Minuten mehr geben – oder lieber 60? Wie viele wären genug, damit Sie sich nicht mehr gestresst fühlten?

Ich werde manchmal gebeten, Kurse über Zeitmanagement zu halten – aber ich lehne es ab, einen dieser üblichen Kurse zu halten, weil ich weiß, dass, selbst wenn ich diesen gestressten Managern helfen könnte, eine zusätzliche Stunde am Tag zu „schaffen“, dies auf lange Sicht nichts helfen würde. Sie würden einfach eine Stunde mehr mit ihrer alten hektischen Geschäftigkeit füllen. Und ich weigere mich auch, vom „Zeitsparen“ zu reden, weil man Zeit nicht sparen kann – man kann sie nur verbrauchen. Wenn mir jemand sagt: „Ich habe eine Stunde gespart“, bitte ich ihn, mir diese Stunde zu zeigen. Nein, wenn wir unsere Träume fangen wollen, dann müssen wir das irgendwie in der begrenzten Zeit schaffen, die uns zur Verfügung steht. Jeder hätte gerne mehr Zeit, aber in Wahrheit hat jeder alle Zeit, die es gibt. Das ist die einzige Sache, von der der ärmste Bettler auf den Straßen Kalkuttas und der mächtigste Mensch auf dieser Welt exakt die gleiche Menge hat. Jeder Mann, jede Frau und jedes Kind beginnt jeden neuen Tag mit einer Tasche voll mit 1.440 Minuten. Das Problem ist der Zeitdieb.

Kurz nach unserer Hochzeit wurde bei Dianne und mir eingebrochen. Wer auch immer in jener Juninacht in unsere Wohnung eingestiegen ist, war überaus rücksichtsvoll: Der Einbrecher richtete kein Chaos an, er nahm nicht viel mit und hat uns nicht einmal geweckt. Ehrlich gesagt, haben wir den Diebstahl einiger Sachen erst gar nicht bemerkt. Beim Frühstück fragte ich Dianne: „Wie spät ist es?“ Sie antwortete: „Auf der Kommode steht eine Uhr.“ Aber da stand keine. Und auf dem Tisch neben der

Tür stand auf einmal auch kein Radio mehr und auf dem Regal stand auch kein Paar silberner Kerzenständer mehr. Ohne unser Wissen und buchstäblich vor unserer Nase hatte der Dieb uns heimlich beraubt.

Um Punkt Mitternacht, wenn jene Tasche mit den Minuten an unser Bett geliefert wird, macht sich der Zeitdieb an die Arbeit. Diese übel gesinnte Kreatur wird uns der Zeit mit unserer Familie und der Aussicht auf eine Beförderung oder eine bestandene Prüfung berauben. Ihr Name ist „Später" und sie hat sich ganz dem Diebstahl von Zeit und Visionen verschrieben. Immer, wenn sie jemandem mit Hoffnung, Ambitionen, Ideen oder Träumen begegnet, sagt sie: „Sehr gut. Aber nicht heute. Heute solltest du mal wieder das Auto waschen, beim Zahnarzt warst du auch schon lange nicht mehr, oder ruf doch endlich mal Clive an, wie es schon seit sechs Monaten auf deiner To-Do-Liste steht."

Und wenn Sie aufwachen, sitzt sie schon an Ihrem Bett und ermutigt Sie, sich auf die Stelle zu bewerben, die in Ihrer Firma ausgeschrieben ist, sich mit der Schuldenlast zu beschäftigen, die Sie erdrückt, den Anruf zu machen, der Ihrem Geschäft einen neuen Schub geben könnte, oder damit anzufangen, eine gestörte Beziehung in Ihrer Familie wiederherzustellen, aber erst einmal wird sie Sie drängen, eine andere Aufgabe zu erledigen. Sie will sie ja dazu führen, Ihren Traum einzufangen – aber eben erst später.

Sie und ich haben keinerlei Aussicht, unsere Träume einzufangen, wenn wir uns nicht mit dieser Kreatur auseinander setzen. Ihre ganze Macht liegt allein in ihrer Tarnung: Sobald Sie sie erkennen, haben Sie sie schon geschlagen. Wenn Sie ein Traumfänger werden wollen, beginnen Sie *heute*. Egal, wie klein der Schritt auf Ihr Ziel hin ist, gehen Sie ihn. Wenn Ihnen die Aufgabe zu groß erscheint, teilen Sie sie in kleinere Teile auf und fangen Sie mit einem davon an.

Ich weiß noch, wie ich versuchte, mein erstes Buch zu schreiben. Der Verlag sagte, es solle 65.000 Wörter enthalten. Meine Reaktion war: „Ich glaube nicht, dass ich 65.000 Wörter kenne!" Wochenlang starrte ich immer wieder auf den Vertrag für das Buch, um mich dann schnell irgendeiner anderen Sache zuzuwenden. Auf einmal kümmerte ich mich um Aufgaben, die ich seit Jahren ignoriert hatte und die mir plötzlich ganz dringend erschienen. Ich ordnete mein Bücherregal neu und mistete die Schubladen in meinem Schreibtisch aus. Und eines Tages dann wurde mir klar, dass da der Zeitdieb am Werk war und mich immer wieder drängte, das Schreiben der ersten Seite zu verschieben. In eben dem Moment, als ich ihn erkannte, verlor er seine Macht, und ich entschloss mich anzufangen. Ich setzte mich an den Schreibtisch, achtete nicht auf das Telefon, das gerade zu läuten begonnen hatte, und schrieb zehn Kapitelüberschriften – nicht mehr und nicht weniger – zehn Zeilen auf ein DIN-A4-Blatt. Am nächsten Tag schrieb ich die ersten zwei Seiten des ersten Kapitels.

Als mir der Verlag ein fertiges Exemplar von „Loving Against the Odds“ schickte, hielt ich es erst einmal einfach nur in der Hand. Ich hatte ein Buch geschrieben. Es war ein Traum und mit Gottes Gnade hatte ich ihn eingefangen. Seit jenem Tag sind meine Bücher in mehr als zehn Sprachen übersetzt worden. Beinahe jede Woche erhalte ich Post von jemandem, der mir erzählt, dass eines dieser Bücher sein Leben verändert hat. Alles hat mit „Loving Against the Odds“ angefangen. Aber das Schreiben dieses Buches bedeutete für mich einen täglichen Kampf mit „Später“. Und beinahe hätte es dieses Ungeheuer geschafft, mich dieses Buches zu berauben. Es hätte mich beinahe so weit gebracht, dass ich dieses Buch gegen einen aufgeräumten Schreibtisch getauscht hätte.

Denken Sie immer daran, dass Träume ansteckend sind

Unternehmen brauchen Träumer aus dem einfachen Grund, dass diese Menschen nicht nur ihre eigenen Träume einbringen – sie stecken auch noch andere an. Als junger Mann hatte Roger Bannister einen Traum. Er wollte der erste Mensch sein, der eine Meile in weniger als vier Minuten lief. Eine Unmenge von Leuten sagten ihm, das sei unmöglich. Einige Mediziner warnten ihn, dass der menschliche Körper einfach nicht dafür geschaffen sei, so schnell zu laufen. Sie führten sogar einige Tests durch, die ihrer Meinung nach darauf hinausliefen, dass das Herz eines Menschen, der dies versuchte, im Brustkorb zerplatzen würde.

An einem dunklen und bewölkten Tag im Mai 1954 lief Roger Bannister nach drei Minuten und 59,4 Sekunden ins Ziel ein. Und nicht nur war sein Herz noch an seinem Platz, er hatte offenbar auch einige andere Herzen angerührt. Gegen Ende 1957 hatten 16 andere Läufer die Vier-Minuten-Marke durchbrochen. Darum brauchen Unternehmen Träumer.

Als Helen Keller 19 Monate alt war, überfiel sie eine Krankheit, die sie blind, taub und stumm werden ließ. Als sie sechs Jahre alt war, lernte Helen das Sprechen, indem sie ihre Finger an den Kehlkopf ihrer Lehrerin hielt und auf diese Weise die Schwingungen „hörte". Sie lernte, Blindenschrift zu lesen und zu schreiben, und schaffte schließlich ihren Abschluss am *Radcliffe College* in Cambrigde, Massachusetts. Sie gründete das Helen-Keller-Heim für blinde Kinder und hielt Vorträge in der ganzen Welt. Einmal wurde sie gefragt: „Können Sie sich etwas Schlimmeres vorstellen, als blind zu sein?" Ihre Antwort war: „Ja. Sehen zu können und keine Vision zu haben."

Sie haben ein Recht auf Träume

Manche von uns glauben, sie hätten kein Recht auf Träume. Die Welt ist voller Leute, die ihr ganzes Leben lang gesagt bekommen haben, sie seien nutzlos. Die Worte anderer sind für sie zu einer sich selbst erfüllenden Prophezeiung (Self-Fulfilling Prophecy) geworden, und es hat den Anschein, dass ihnen alles misslingt, was sie anfangen. Aber um ein Traumfänger zu sein, müssen wir glauben, dass Gott keinen Fehler gemacht hat, als er uns geschaffen hat.

Wir haben vielleicht nicht die Figur, die wir gerne hätten, und wir sehen vielleicht nicht so aus, wie wir gerne aussehen würden. Uns zeichnen vielleicht die Narben einer zerrütteten Familie oder eines gewalttätigen Vaters, wir haben vielleicht eine Behinderung, aber wir haben immer noch das Recht auf Träume. Manchen von uns ist so oft gesagt worden, wir seien nutzlos, dass wir es inzwischen selbst glauben. Aber es ist nicht wahr.

Ich kann mich nur an drei Bücher erinnern, die wir in meiner Kindheit zu Hause hatten: eine Bibel, ein Wörterbuch und einen Atlas. Mein Vater war Briefträger und meine Mutter putzte Büros, damit wir mit dem Geld hinkamen. Ich weiß nicht genau, wie es dazu kam, aber ich bestand die Prüfung für das örtliche Gymnasium. Mein erster Tag an dieser Schule war noch nicht vorbei, und mir war klar, dass ich dort nicht hingehörte. Die Familien der Kinder, mit denen ich nun zu tun hatte, hatten Autos und Häuser mit Toiletten. Ihre Eltern hatten Zeit, ihnen mit den Hausaufgaben zu helfen, oder sie konnten sich einen Nachhilfelehrer leisten. Bei einem Besuch bei einem Freund stellte ich fest, dass sie sogar richtiges Toilettenpapier verwendeten, anstatt der zurechtgeschnittenen Tageszeitung.

Ich war nicht gut in der neuen Schule. Ich erinnere mich noch genau daran, wie unser Lehrer zum Ende meines ersten Jahres die Prüfungsergebnisse in absteigender Reihenfolge vorlas. Wir hatten 34 Schüler in unserer Klasse, und ich sehe noch die Gesichter einiger dieser Kinder vor mir, als der Lehrer mit seiner dröhnenden Stimme die ersten 20 vorgelesen hatte. Was ich sah, war keine Scham oder Angst, sondern nackte Verzweiflung. Das waren die typischen Blicke von solchen, die sich für Versager halten. Einmal war ich der Letzte: das schlechteste Kind, der dümmste Schüler, der Junge, der es zu nichts bringen würde.

Mein Leben veränderte sich an dem Tag, an dem ich meinem Traumfänger begegnete. Ich war 16 Jahre alt und er war Mitte 30. Sein Name war Arthur. Er und seine Frau konnten keine Kinder kriegen, aber sie leiteten unseren Jugendclub und hatten in Wahrheit Hunderte von Kindern. Sie bewohnten zwei Zimmer im Haus von Arthurs

Mutter. Alle möglichen Kinder kamen unter den Einfluss dieser besonderen Menschen – sportliche Kinder und solche, die niemand in seiner Mannschaft haben wollte; Kinder aus glücklichen Familien und Kinder, die nicht wussten, ob sie ihren Vater je wieder sehen würden; Kinder aus der kleinen Gemeinde, zu der der Jugendclub gehörte, und Kinder, die früher dort die Scheiben eingeschmissen hatten. Aber egal, wer man war oder aus welchem Hintergrund man kam und auch welchen Ärger man ihm gemacht hatte, Arthur hatte eine geheime Strategie: Er gab einem das Gefühl, etwas Besonderes zu sein. Er erzählte uns, dass Gott uns so liebt, wie wir sind, und dass er und Margaret an uns glaubten. Ganz egal, was die Freunde oder Lehrer von einem dachten, in Arthurs Haus fühlte man sich wie ein König.

Eines Tages sagte er zu mir: „Rob, ich denke, du hast eine Gabe zum Redner."

„Ganz bestimmt nicht!", sagte ich. „Ich habe noch nie eine Rede gehalten."

Aber er ließ nicht locker. Er ließ mich vor dem Spiegel Reden halten oder vor seiner Frau Margaret, während diese dabei war, uns Tee zu kochen. Und dann, eines Tages, ließ er mich vor ungefähr 20 Kindern eines anderen Jugendclubs sprechen. Arthur selbst war einer der schlechtesten Redner, die ich je gehört habe, aber irgendwie hat er es geschafft, es einigen aus seinem Jugendclub beizubringen.

Ich weiß noch, wie ich mit 17 oder 18 vor meinen Zuhörern stand und dachte: „Das muss ein Traum sein." Das Seltsame an Träumen ist, dass man sich, sobald sie anfangen wahr zu werden, fragt, ob es wohl noch mehr von ihnen gibt.

Einige Jahre später war ich Sozius einer großen Anwaltskanzlei, war Mitbegründer einer der erfolgreichsten juristischen Unternehmensberatungen Großbritanniens, hielt Vorträge vor Anwälten auf der ganzen Welt und wurde als Hauptredner auf internationale Rechtskonferenzen eingeladen. Eines Abends sollte ich in Wien auf einer internationalen Konferenz zu tausend Menschen aus verschiedensten Sparten sprechen, die jeweils in ihrem Bereich Führungspositionen besetzten. Vom Hotel aus rief ich Arthur an und sagte ihm: „Du hast mir beigebracht, wie man das macht. Ich danke dir dafür." Letztes Jahr stellte ich in den USA eines meiner Bücher vor, und der Radiosender, bei dem ich darüber sprach, hatte ihn, ohne dass man mir vorher Bescheid gesagt hatte, während der Sendung am Telefon. Da saß ich nun in einem Radiostudio in Colorado Springs, als plötzlich Arthurs Stimme aus den Lautsprechern kam. Später erzählten sie mir, sie hätten ihn gebeten, das live zu machen, woraufhin er die ganze Woche geübt hatte. Sie fragten ihn, was er über den Jungen dachte, der in seinen Jugendclub gegangen war. Er sagte, er sei stolz auf mich. Ich musste weinen – live im Radio.

Hatte ich als Kind Träume? Natürlich. Glauben wir nicht, dass Jugendliche, die vor einem Laden in der Innenstadt herumhängen, Träume haben? Glaube ich nicht, dass die jungen Straffälligen, die ich im Gefängnis besuche und die Stunde um Stunde in einem sechs Quadratmeter großen Raum sitzen, Träume haben? Aber die Wahrheit ist, dass Träume allein nicht genug sind. Wir brauchen Hilfe, um sie zu erfüllen. Mehr noch: Wir haben als Individuen und als Unternehmen die Verantwortung, uns gegenseitig beim Einfangen unserer Träume zu helfen. Ich habe nicht den geringsten Zweifel daran, dass es Tausende von Kindern und Jugendlichen gibt, die man als Versager, Außenseiter oder sogar Verbrecher abgeschrieben hat, die mehr als alles andere einen „Arthur" brauchen – einen Traumfänger.

Auch Sie haben ein Recht auf Träume. Individuen haben das Recht zu träumen, was sein könnte, und Unternehmen müssen eine Vision wiedererlangen, die sie vielleicht verloren haben. Versuchen Sie jemanden zu finden, der Ihnen hilft, diese Träume einzufangen. Machen Sie sich auf einige Rückschläge gefasst, aber vor allem: Gehen Sie heute einen Schritt, egal, wie klein er auch ist, auf die Erfüllung dieses Traumes zu. Fangen Sie einfach an. *Pflanzen Sie diesen Samen!*

Als ich zehn Jahre alt war, traf ich Trevor Parker, als er gerade von einer Verabredung mit Carol Perkins kam –

die Carol Perkins aus unserer Straße, die unerreichbare Carol Perkins, die Carol Perkins, von der ich dachte, sie würde einen Jungen nicht einmal anschauen, solange er nicht wie Elvis aussah und eine Harley Davidson fuhr. Und hier war nun Trevor, der Klassenclown, Trevor, der nicht einmal einen Hüpfstock hatte, geschweige denn ein Motorrad, Trevor, der überhaupt noch nie eine Verabredung gehabt hatte.

„Trevor", sagte ich und bekam vor Staunen den Mund nicht mehr zu, „wie hast du das geschafft?"

„Oh", sagte er, „ich mag sie wirklich, also habe ich sie gefragt."

Er hat sie *gefragt.*

Checkliste

Wie sieht es bei Ihnen persönlich aus?

- Im Folgenden sind einige Zeitdiebe aufgeführt, die uns davon abhalten können, die Erfüllung unserer Träume überhaupt erst anzugehen. Welche davon stehlen Ihnen am ehesten die Zeit?

  - Ich schiebe Entscheidungen hinaus.
  - Ich setze keine Prioritäten.
  - Ich kann nicht Nein sagen.
  - Ich werde oft gestört.
  - Ich habe Schwierigkeiten zu delegieren.
  - Ich habe selten Zeit zum Planen.
  - Ich liebe Meetings.

- Halten Sie sich im Leben oft noch mit unerfüllten Träumen aus der Vergangenheit auf? Für die Antwort auf diese Frage müssen Sie vielleicht etwas in Ihrem Leben zurückgehen. Haben diese Träume noch Bestand? Wenn nicht, dann beerdigen Sie sie ein für alle Mal. Das bedeutet nicht, dass Sie keine Träume mehr haben dürfen, es geht nur darum, dass Sie zum Beispiel nicht länger glauben, dass Ihr Vater Ihr Leben ruiniert hat, weil er wollte, dass Sie Arzt werden, wo Sie Ihrer Meinung nach doch eigentlich zum Schauspieler geboren sind.
- Wenn die Erfüllung Ihres Traumes mit einem kleinen Schritt angegangen werden könnte, was hindert Sie daran, heute diesen Samen zu pflanzen? Wenn die Erfüllung des Traumes eine lange Reise ist, gibt es einen ersten Schritt, den Sie heute gehen könnten? Damit meine ich nicht, die Hoffnung auf seine Erfüllung schüren, versprechen, ihn irgendwann anzugehen, nein, ich meine einen konkreten Schritt – einen Anruf, sich für einen Kurs anmelden, *eine Entscheidung treffen.*

- Hält die Angst vor dem Scheitern Sie davon ab, überhaupt erst mit der Erfüllung Ihres Traumes anzufangen? Es stimmt, sobald Sie einmal begonnen haben, besteht die Möglichkeit des Scheiterns, aber immerhin haben Sie dann angefangen. In seiner Antrittsrede vom 4. März 1933 sagte der amerikanische Präsident Franklin D. Roosevelt: „Das Einzige, was wir fürchten müssen, ist die Furcht selbst."
- Fällt Ihnen jemand ein, der ein „Traumfänger" für Sie sein könnte? Denken Sie an die Eigenschaften, die so eine Person haben muss: Sie muss Sie im Falle des „Flamingo-Syndroms" auf den Boden der Tatsachen zurückholen können, sie muss in dem betreffenden Punkt mehr Weisheit haben als Sie, vor allem aber sollte sie an Sie und Ihren Traum glauben.
- Gibt es eine Person, für die Sie ein „Traumfänger" sein könnten?

Wie sieht es in Ihrer Firma aus?

Das Problem der meisten Menschen im Geschäftsleben besteht darin, dass sie mit dem Träumen aufgehört haben.

- Besteht vielleicht die Möglichkeit, dass Ihr Unternehmen die Vision verloren hat, die es früher einmal hatte?
- Haben die Führungskräfte in Ihrer Firma Zeit für frische Visionen oder ist der Unternehmungsgeist bei den Bemühungen, den Laden am Laufen zu halten, auf der Strecke geblieben?

Diejenigen, die sagen: „Das geht nicht", sollten nicht denjenigen im Weg stehen, die zeigen, dass es geht.

- Leidet Ihr Unternehmen während eines Entscheidungsprozesses an einem negativen Einfluss, der jedes konkrete Handeln erschwert oder es gar nicht zulassen will, dass Sie Ihre Träume für Ihre Firma einfangen?
  Schauen wir einmal bei einem typischem Partnermeeting vorbei: Es sitzen fünf Personen um den Besprechungstisch. Der Traum ist deutlich, aber er braucht einen ersten Anstoß.

Es geht nur um eine einfache Entscheidung zwischen Schwarz und Weiß.

Seniorpartnerin: Also, es ist Zeit für eine Entscheidung. Ich bin für Schwarz. Was meint ihr?
Don: Schwarz.
Celia: Schwarz.
Ian: Schwarz.

Die Seniorpartnerin traut ihren Augen und Ohren nicht. Nach 15 Jahren endlich eine Entscheidung! Vor ihrem inneren Auge sieht sie die Erfüllung des Traumes näher rücken.

Seniorpartnerin: Bleibst nur noch du, Paul. Was sagst du?
Paul: Grau ... ich meine, ich weiß nicht so recht. Da gibt es so viel zu berücksichtigen. Könnten wir das nicht auf das nächste Meeting vertagen? Ich lass noch eine Studie dazu durchführen.

Aus genau diesem Grund hat ein kluger Kopf einmal gesagt: „Die meisten Partnermeetings sind dunkle Sackgassen, in die man gute Ideen lockt, um sie dann lautlos zu erwürgen."

- Gibt es eine Möglichkeit, Ihre Angestellten zu ermutigen, Träume für das Unternehmen zu entwickeln?
- Kann Ihr Unternehmen möglicherweise einen kleinen Anteil bei der Erfüllung der privaten Träume der Angestellten leisten?
- Haben Sie einen gemeinsamen Traum für Ihr Unternehmen?

Prinzip Nummer fünf

Ihre Familie ist wichtiger als Ihre Karriere

Dienstag, 6. November, 22:05 Uhr.

Tom hatte dem jungen Mann das Thema dieser Woche bereits mitgeteilt, und als Jack nun den Hügel hinauf zum Haus des Professors stieg, wurde es ihm schwer ums Herz. Er führte sich noch einmal jenen ersten Abend vor beinahe fünf Wochen vor Augen, als er in der Bibliothek den Mann getroffen hatte, den er für den Hausmeister hielt. Er dachte daran, was ihn überhaupt in die Bibliothek geführt hatte. Auf dem Hügel angekommen, blieb er für einen Moment stehen und besah sich den Campus zu seinen Füßen. Er gab sich alle Mühe, seinen Vater zu verstehen. Für eine Minute schloss er die Augen, und es kam ihm vor, als könne er ihn sehen ...

David, Jacks Vater, blieb gerne lange im Büro. Seit zehn Jahren war er immer als Letzter gegangen. Er war als Letzter gegangen, ob die Arbeit es erforderte oder nicht. Irgendetwas gab es immer noch zu tun: einen Anruf bei einem Mandanten, der dann beeindruckt war, dass man ihn um halb zehn abends zu Hause anrief, um seinen Fall zu besprechen; irgendeinen Vertragsentwurf; einen Stapel Papiere, der noch durchgeguckt werden musste. Es war nicht schwer, als Letzter zu gehen, man musste es sich nur fest vornehmen.
Er schob den Stuhl zurück und sah sich um. Er mochte diesen Ort während der Nacht. Durch das Fenster auf der linken Seite konnte er am Flussufer entlangsehen und durch das auf der rechten Seite sah er die Doppeltürme der neuen Bank in den Himmel hinaufragen. Aber dieses Panorama wurde er immer schnell leid, stattdessen sah er sich im Büro um. Es

war schlicht und ergreifend das beste Büro im ganzen Gebäude. Es war vielleicht nicht das größte, aber auf jeden Fall das eindrucksvollste Büro. Das hier war sein Reich.
David ging durch die leere Empfangshalle und hinaus auf die Straße, wo er in ein Taxi stieg. An jeder Kreuzung wies er dem Fahrer den Weg – es war immer besser, sich nicht auf den Fahrer zu verlassen. Dann holte er sein Handy hervor. „Ich bin jetzt unterwegs, okay? ... Gut, lass es einfach im Ofen – ich werd dich nicht wecken."
Als das Taxi an seinem Grundstück ankam, warf er einen Blick auf das Haus. In diesem kurzen Augenblick, bevor er in seiner Tasche nach Kleingeld für den Fahrer suchte, nahm er alles wahr: die großzügige Auffahrt, den gepflegten Rasen, die schiere Größe des Grundstücks. Es war sein Ziel gewesen und er hatte es erreicht. Alle Lichter waren aus.
Er bat den Fahrer, ihn an der Einfahrt rauszulassen, und ging zu Fuß über die gekieste Auffahrt. Wenigstens der Sensor des Bewegungsmelders begrüßte ihn, mit einem Zwinkern reagierte er auf das angegangene Licht. Er gab sich keine Mühe, die Tür leise zu öffnen – es wäre ihm gar nicht unlieb, jemanden zu wecken, damit etwas Leben ins Haus käme –, aber als er die Eingangshalle betrat, war alles still und dunkel. Aus irgendeinem Grund, den er selbst nicht verstand, empfand er plötzlich eine tiefe und niederschmetternde Traurigkeit. Er sah hinüber zu der antiken Kommode, auf der zahlreiche Fotos standen: von Jack, als er gerade zwei Zähne hatte, von Suzie als Brautjungfer, von Jacks Abiturfeier und von seiner eigenen Hochzeit.
Wenn man in einem alten Haus nachts still genug ist, fängt es an zu erzählen. Im Knirschen und Stöhnen des alten Holzes wird es seine Erinnerungen offenbaren. David war noch nie still gewesen, er hatte noch nie für einen einzigen Moment mit dem Denken aufgehört. Aber jetzt stand er einfach nur da und ließ sich mit geschlossenen Augen von seinem Haus in die Vergangenheit entführen.
Vor seinem inneren Auge sah er einen kleinen Jungen, nicht ganz neun Jahre alt, der auf ihn zugerannt kam: „Papa, Papa! Ich hab's geschafft, ich bin in der Mannschaft!"
Er sah sich selbst, einen Tag später, an der Außenlinie mit den anderen Vätern im strömenden Regen stehen. Sie alle

waren plötzlich Trainer und schrien sinnlose Anweisungen, und jeder dachte bei sich, dass die Mannschaft schon längst in Führung liegen könnte, wenn die anderen nur öfter an seinen Sohn abspielen würden. Er hörte den Schlusspfiff, sah die Freude und Begeisterung in Jacks Gesicht, sah, dass er zwei Minuten vor dem Ende das entscheidende Tor geschossen hatte, und sah zu, wie sein Sohn auf ihn zugelaufen kam. Er legte ihm den Arm um die Schulter und sagte: „Du warst fantastisch, Jack. Du hast gespielt wie Maradona." Sie lachten beide und halfen dann mit, die Eckfahnen zurück in die Umkleidekabine zu tragen. Er sah es alles vor sich, sah die leuchtenden Farben und jedes kleine Detail, während er dort in seiner Eingangshalle stand.
Aber er sah es ausschließlich in seiner Vorstellung, tatsächlich war er nie dort gewesen. Nur zu gut erinnerte er sich daran, wie es an jenem Tag wirklich gewesen war. Er war spät nach Hause gekommen, Mary hatte kein Wort mit ihm gesprochen, bis er schließlich sagte: „Also gut, raus mit der Sprache: Was habe ich verbrochen?"
„Du hast es vergessen, David. Das hast du verbrochen. Du hast schon wieder vergessen, dass er ein Spiel hatte. Du gehst besser mal rauf zu ihm – er ist in seinem Zimmer."
Wenn David eines war, dann ein hervorragender Diplomat. Es hatte nicht lange gedauert – es brauchte nur das Versprechen auf ein neues Fahrrad und das Indianerehrenwort, das nächste Spiel nicht zu verpassen – und sein Sohn lächelte wieder. Er dachte daran, wie er lachend mit Jack nach unten gekommen war und Mary angeguckt hatte, als wollte er ihr sagen: „Siehst du, alles nicht so schlimm."
Und er dachte daran, wie viele solcher Gelegenheiten es gegeben hatte.

Mit einem Zwinkern vertrieb Jack die Tränen. Da stand er auch schon vor Toms Tür. Der alte Mann sagte kein einziges Wort, kochte nur Kaffee, stocherte im Feuer und zündete seine Pfeife an. Es gab nicht viel zu besprechen an diesem Abend, Tom schrieb einfach nur das nächste Prinzip unter die anderen vier und beließ es dabei ...

Vor einigen Jahren schrieb ich ein Buch mit dem Titel „Der 60-Minuten-Vater“ (Gerth Medien, 2001). Viel von dem, was ich in diesem Buch geschrieben habe, beruht auf eigenen Erfahrungen, auf meinen eigenen Fehlern, die ich zum Glück begangen hatte, als meine Kinder noch nicht so alt waren, sodass mir noch Zeit blieb, mich zu ändern. Es ging mir bei diesem Buch darum, Männer davor zu warnen, bei ihrem Streben nach „Erfolg“ nicht ihre Kinder zu vernachlässigen. Ich schickte das Manuskript mehreren herausragenden Persönlichkeiten in der Wirtschaft und hielt vor Spannung den Atem an, ob wohl jemand darauf reagieren würde. Sir John Harvey-Jones antwortete als Erster. Hier ein kurzer Auszug aus seinem Brief:

Wenige Menschen, die ein erfolgreiches Leben gelebt haben, haben auch den wichtigsten Erfolg erreicht, nämlich ein guter Vater zu sein und Anteil zu nehmen an den Freuden und der Horizonterweiterung, die einem eine enge Beziehung zu seiner Familie geben kann.

Die zweite Reaktion kam von Sir Tom Farmer, dem Vorsitzenden und Hauptgeschäftsführer von *Kwik Fit Holdings*. Auch hier wieder ein kurzer Auszug:

Nur zu oft laufen diejenigen von uns, die sich ganz der Geschäftswelt verschrieben haben, Gefahr, unser wichtigstes Gut aus den Augen zu verlieren – unsere Familie.

Ich war überaus dankbar dafür, dass diese beschäftigten Männer einen Teil ihrer Zeit geopfert und sich die Mühe gemacht hatten, mein Buch zu lesen und zu unterstützen. Und ich war auch dankbar dafür, dass sie in so wenigen Worten auf den Punkt gebracht hatten, um was es mir mit dem Buch ging – dass nämlich so viele der Menschen, die man von außen betrachtet „erfolgreich“ nennen würde, den wichtigsten Bereich ihres Lebens vernachlässigt haben. Ich frage Sie: Wie können wir, die wir uns so gut mit der Bedeutung von Gütern auskennen, uns als erfolgreich bezeichnen, wenn wir, in den Worten

Tom Farmers, „unser wichtigstes Gut aus den Augen verloren haben“?

Ich bin davon überzeugt, dass es den meisten von uns gar nicht bewusst ist. Ich erinnere mich noch gut an die Zeit, als meine Kinder noch klein waren. Einen Großteil meiner Zeit verbrachte ich damit, ein Unternehmen mit aufzubauen. Das allein war noch kein Fehler, das Problem war, dass ich mich mit nichts anderem mehr beschäftigte. Ich erinnere mich an Gelegenheiten, bei denen meine Kinder zu mir sagten: „Papa, kannst du dir mal anhören, wie ich das vorlese?“ Meine Antwort darauf war: „Klar, aber können wir das nicht später machen?“, und ich meinte wirklich „später“, nicht „nie“. Wie sollte ich damals wissen, dass der Tag kommen würde, an dem sie nicht einmal mehr fragen würden? Warum hat mir niemand gesagt, dass der „ruhige Tag“, den ich mir selbst immer wieder versprach, der Tag, an dem ich mir Zeit für die wirklich wichtigen Dinge nehmen wollte, niemals kommen würde?

Ich war ja nicht dumm. Ich hätte es wahrscheinlich verstanden. Warum also hat mir niemand die Sinnlosigkeit meines Tuns aufgezeigt, nämlich so hart zu arbeiten, um meinen Kindern das geben zu können, was ich als Kind nicht hatte, dass ich nicht mal mehr die Zeit hatte, ihnen das zu geben, *was* ich hatte? Und gab es wirklich niemanden, der mich hätte warnen können, dass sich die Tür der Kindheit so plötzlich und so endgültig schließt?

In jenen Tagen gab es bei uns kein Entkommen vor dem Telefon. Es klingelte während der Mahlzeiten oder mitten während einer Gute-Nacht-Geschichte. Viele dieser Anrufe hatten mit der Arbeit zu tun. Der Anrufer sagte als Erstes gewöhnlich: „Entschuldigen Sie bitte, ich rufe normalerweise nicht bei den Leuten zu Hause an“, sodass man am Anfang gar nicht wissen konnte, wer es war. Der zweite Satz lautete jedes Mal: „Es dauert nur eine Minute.“ Wenn jemand diesen Satz zu Ihnen sagt, lügt er Sie an – es dauert mindestens zehn Minuten. Schlimmer noch, wenn Sie dann dort weitermachen wollen, wo Sie vor dem Anruf aufgehört haben, ist das Kind, das Ihrer

Geschichte zugehört hat, längst eingeschlafen – und Ihr Essen hat der Hund bereits verputzt.

Aber inzwischen habe ich die Möglichkeit zurückzublicken. 20 Jahre sind ins Land gezogen und ich habe dabei geholfen, ein Unternehmen aufzubauen. Ich hatte das Vorrecht, von vielen anderen Unternehmen als Berater zu Rate gezogen zu werden, mehrere Bücher zu schreiben und auf der ganzen Welt Vorträge zu halten. All diese Aktivitäten haben Tausende von geschäftlichen Anrufen mit sich gebracht, von denen viele von Seiten der Anrufer als „dringend" eingestuft wurden. Das Merkwürdige an der Sache ist nur, dass ich mich an keinen Anruf – nicht an einen einzigen – erinnern kann, der nicht zehn Minuten hätte warten können, bis ich mit meiner Gute-Nacht-Geschichte fertig gewesen wäre.

Ich weiß noch, wie mich zu jener Zeit jemand fragte: „Was ist das Geheimnis Ihres Erfolges?" Ich stammelte irgendwas von wegen harter Arbeit und zur rechten Zeit am rechten Ort sein. Aber wenn Tom Farmer Recht hatte und ich Gefahr lief, mein wichtigstes Gut zu verlieren, dann war die Frage ein grausamer Scherz. Wie kann jemand erfolgreich sein, der sein wichtigstes Gut verloren hat?

Seit jener Zeit habe ich viele „erfolgreiche" Männer und Frauen getroffen, und inzwischen glaube ich, dass wir dieses Wort einfach falsch verwenden. Wir sollten nicht von „Erfolg" sprechen, sondern lieber fragen: „Wie haben Sie das erreicht?" Viele dieser Menschen haben wenig Frieden in ihrem Leben. Ihre Körper versagen den Dienst, sie leiden unter ständigen Kopfschmerzen, werden im Urlaub krank und haben immer größere Schwierigkeiten, mit anderen Menschen umzugehen. Sie schlafen kaum noch und sind von Beruhigungsmitteln abhängig. Sie haben kaum Zeit für ihre Familie. Wenn man es so sieht, könnte die Antwort auf die Frage „Wie haben Sie das erreicht?" lauten: „Indem ich meine Gesundheit aufs Spiel gesetzt und die Dinge, die mir wirklich wichtig sind, für gut 20 Jahre aufs Abstellgleis gestellt habe. Das ist das ganze Geheimnis."

Wir leben in einer Gesellschaft, die unseren Erfolg allzu

oft daran misst, was wir besitzen, in was für einem Haus wir leben, welches Auto wir fahren und wo wir unseren Urlaub verbringen. Aber statt nach dem Preis all dessen zu fragen, können wir genauso gut nach den Kosten dafür fragen – wie viel an zusätzlicher Zeit müssen wir arbeiten, um dafür zu bezahlen?

Ein kanadischer Geschäftsmann erzählte mir einmal, er müsse Überstunden machen und könne sich keine schlechter bezahlte Arbeit leisten, die ihm einen ruhigeren Lebensstil ermöglichen würde, weil er einfach zu viele finanzielle Verpflichtungen habe. Eine dieser Verpflichtungen war eine Wochenendhütte im Wald. Ich fragte ihn, ob er sie denn oft nutzen würde. „Um ehrlich zu sein, nicht sehr oft", sagte er. „Die Hütte liegt drei Autostunden von unserem Wohnort entfernt. Freitags versuche ich, etwas früher aus dem Büro zu kommen, aber bis ich mich durch den Verkehr in Vancouver gekämpft habe, dauert es. Das heißt, vor zehn Uhr abends sind wir nicht da. Samstags fallen gewöhnlich noch einige Reparaturen und kleinere Arbeiten an der Hütte an, also fahre ich in die nächste Stadt zum Baumarkt. Am Sonntag brechen wir dann schon am frühen Nachmittag auf, um auf dem Rückweg nicht in Stau zu kommen." Er soll seine Hütte ruhig behalten. Wenn ihm einmal klar wird, was sie ihn wirklich kostet, kann er sich dort in Ruhe ausschreien, ohne dass ihn jemand hört.

Vor ungefähr fünf Jahren bat mich ein sehr reicher Bankier um ein Treffen im *Dorchester Hotel* in London. Wir hatten uns für fünf Uhr nachmittags verabredet. Um halb sechs war von ihm immer noch nichts zu sehen, aber ein Angestellter des Hotels sprach mich an und teilte mir mit, mein Gastgeber bitte für seine Verspätung um Entschuldigung, ich solle in der Zwischenzeit auf seine Rechnung Tee und Kuchen bestellen. Ich warf einen Blick auf die Speisekarte; die Kuchen waren teurer als ein Reihenhaus. Ich wählte vier Sorten aus. 20 Minuten vergingen und ich wurde zu noch mehr Kuchen eingeladen. Ich lehnte höflich ab.

Um zehn vor sechs erschien dann endlich meine Verabredung. Mit rotem Gesicht und voller Bedauern begrüßte er mich: „Ich hatte noch mit einer wirklich großen Übernahme in der Stadt zu tun, bitte entschuldigen Sie. Also, möchten Sie vielleicht ein Stück Kuchen?“

Vom Kuchen hatte ich wirklich genug. „Nein“, sagte ich, „man hat mich hier schon gut versorgt. Es tut mir sehr Leid, aber inzwischen bin ich selbst schon etwas spät dran für meinen nächsten Termin. Wir müssen unser Gespräch vertagen.“

„Okay, vielleicht können wir ja wenigstens noch ein bisschen miteinander reden“, sagte er. „Mein Wagen wartet vor der Tür, ich fahre Sie zu Ihrem Termin.“

Sein Wagen wartete tatsächlich vor der Tür – seine Limousine war fast so lang wie der ganze Block. Wir ließen uns auf die lederne Rückbank sinken, und während ich mich noch verzweifelt nach einem vertrauten Gesicht umschaute, gab er seinem Chauffeur Anweisung.

Er wirkte unruhig. Mir war klar, dass er in seinem Leben wohl auch nicht viel Ruhe kannte. In Gedanken muss er immer noch bei seinem Geschäft gewesen sein, denn plötzlich wandte er sich mir zu und sagte: „Viele von diesen jungen Burschen in der Stadt werden es nie schaffen.“

„Ich mache mir eher Sorgen um die, die es schaffen“, gab ich zurück.

Er schaute mir direkt ins Gesicht: „Was soll das denn heißen?“

„Nun ja“, sagte ich, „selbst wenn das Ziel eines Menschen darin besteht, möglichst viel Geld anzuhäufen, irgendwann braucht er doch auch einmal die Zeit, es auszugeben.“

„Versuchen Sie das mal den Leuten zu erzählen, mit denen ich da arbeite.“

„Ich sage Ihnen, *wann* die mir glauben werden: wenn sie 65 sind und es nach ganz oben geschafft haben. Dann werden sie sich plötzlich umschauen und sich fragen: ‚Ist das alles? Habe ich dafür 40 Jahre meines Lebens geopfert?‘ Wenn sie merken, dass sie nicht mitbekommen haben, wie ihre Kinder erwachsen geworden sind, dass sie keine echten Freunde haben und ihre Gesundheit ruiniert ist. Dann werden sie mir glauben.“

Der Wagen kam beim Treffpunkt für meinen nächsten Termin an und ich schüttelte dem Bankier zum Abschied die Hand. Als ich aus dem Wagen stieg, schaute ich mich noch einmal zu ihm um; er wirkte niedergeschlagen. Die Tür fiel zu und der Wagen fuhr an. Plötzlich ließ er noch das Fenster runter und rief: „Können wir uns noch einmal treffen?“

„Selbstverständlich“, rief ich zurück, „rufen Sie mich an.“

Ich sah der Limousine hinterher, wie sie sich durch den Verkehr in der *Kensington High Street* kämpfte und ihn zu seinem nächsten großen Geschäft brachte. Ich sah zu, wie sich die Passanten neugierig umwandten und sich fragten, wer wohl dort hinter den getönten Scheiben saß. Ich sah den Neid in manchen Augen, und dann war der Wagen verschwunden, verschluckt vom Londoner Verkehr. Ich habe diesen Mann nie wieder gesehen.

Wenn ich jetzt an ihn denke, fällt mir ein weiterer erfolgreicher und mächtiger Mann ein, der aber ebenfalls wenig Zeit für seine Familie oder Freunde gefunden hatte. Er hatte sich ganz und gar seiner Karriere verschrieben. Das hatte auch seine Annehmlichkeiten. Wenn er durch den Flur zu seinem Büro ging, das in der Ecke des Gebäudes lag und einen freien Blick auf einen See bot, verneigten sich die anderen Manager förmlich vor ihm. Dieser Mann war wie ein Feudalherr. Die Aktenschränke enthielten seine Eroberungen, und wenn er seine Bürotür einen Spalt offen gelassen hätte, hätte er sehen können, wie seine Angestellten fleißig versuchten, nur ja all ihre Aufgaben zu seiner Zufriedenheit zu erfüllen.

Wer hätte gedacht, dass ein einfacher Geburtstag ihm das alles rauben könnte? Aber genau so ist es gekommen. Ich war dabei, als es passierte. Er wurde 60 und plötzlich war er von 200 seiner Angestellten umgeben und seine rechte Hand sagte: „Bill, wir werden dich vermissen. Du warst diesem Unternehmen mehr als 20 Jahre lang eine Quelle der Inspiration ...“ Während der schier endlosen Rede blickte Bill nach links und bemerkte, dass man sein Namensschild bereits von seiner Tür entfernt hatte und ein neues schon auf einem Tisch in der Nähe bereitlag.

„... und deshalb, Bill, möchten wir dir dieses kleine Geschenk überreichen." Jemand drückte es ihm in die Hand. Ironischerweise war es eine Uhr.

Die wenigen, die bis zum Ende der Feier blieben, erzählten hinterher, dass Bill als Letzter gegangen war. Er sah sich ein letztes Mal in seinem Büro um, machte selbst das Licht aus und ging hinaus auf die Straße. Es war schon dunkel und regnete in Strömen. Er schlug den Kragen hoch, drückte seine neue Uhr an die Brust und weg war er.

Aber damit war die Geschichte noch nicht zu Ende. In den folgenden drei Monaten wurde Bill manchmal gesehen, wie er in seinem Anzug vor seinem alten Büro auf und ab ging in der Hoffnung, jemandem zu begegnen, der sich noch an den erinnerte, der er einmal gewesen war.

Ich begegne jeden Tag Männern und Frauen – erfolgreichen Männern und Frauen –, die mehr erreicht haben, als sie je zu träumen gewagt haben; Männer und Frauen, an deren Stelle andere nur zu gerne einmal wären, und doch würden sie ihr ganzes Hab und Gut geben, um die Vergangenheit zu ändern. Was ist es, was sie so sehr bedauern? Hätten sie effizientere Verkäufer sein wollen? Hätten sie größere Anerkennung für ihre wissenschaftlichen Veröffentlichungen bekommen wollen? Hätten sie stärker auf eine Beförderung hinarbeiten sollen? Nein, das ist es alles nicht. Ihr Bedauern bezieht sich in den allermeisten Fällen auf Beziehungen.

Vor einigen Jahren wurde ich eingeladen, vor einer großen Wirtschaftsinstitution einen Vortrag darüber zu halten, wie man Geschäfts- und Privatleben ins Gleichgewicht bringt. Die leitenden Angestellten und die Verkäufer waren für einen Tag zusammengekommen, um ihre Leistung des vergangenen Jahres zu analysieren und die Ziele für das neue Millennium zu formulieren. Ich war der letzte Redner bei dieser Veranstaltung. Ich gratulierte ihnen zu ihrem Erfolg und würdigte die Tatsache, dass für das erlangte Ergebnis manch einer Überstunden gemacht und Opfer gebracht hatte.

Aber dann ermahnte ich diese erfolgreichen Männer und Frauen, nicht zu vergessen, dass Arbeit zwar wichtig ist, dass sie aber in fortgeschrittenem Alter vor allem im Bereich von Beziehungen nach Erfolg suchen werden. Ich warnte sie, dass ihre Kinder, so sie welche hätten, erwachsen und aus dem Haus sein würden, ehe sie sich versahen. Während ich redete, bemerkte ich die üblichen ungläubigen Gesichter bei den Jüngeren und das wissende Nicken derjenigen, die schon die ersten grauen Haare hatten. Und dann sagte ich: „Die Tage, an denen Ihre Kinder Sie bei ihren Schulaufführungen erwarten, mit Ihnen einen Drachen steigen lassen wollen und Sie bitten, dieselbe Geschichte immer und immer wieder vorzulesen, sind sehr begrenzt. Und der Tag, an dem Sie zu Ihrem 14-Jährigen sagen: ‚Sollen wir dieses Wochenende zusammen angeln gehen?', und er Ihnen antwortet: ‚Sei mir nicht böse, Papa, aber ich bin schon mit ein paar Freunden verabredet', rast auf Sie zu."

Ich erzählte ihnen von einer einfachen Rechnung, die ich eines Tages gemacht habe und die mein Leben verändert hat. Ich habe ausgerechnet, wie viele Tage die ersten 18 Jahre im Leben meiner Kinder insgesamt hatten. Es waren 6.575. Egal, wie erfolgreich wir sind, wie viel Geld wir haben oder wie angesehen wir sind – nichts kann dieser Zahl einen einzigen Tag hinzufügen. Wenn Ihr Kind zehn Jahre alt ist, bleiben Ihnen noch 2.922 Tage. Ich sagte: „Ich verstehe nur zu gut, welchem Druck Sie heutzutage im Geschäftsleben ausgesetzt sind, aber diese Tage im Leben Ihrer Kinder kann Ihnen niemand ersetzen: Versuchen Sie so gut es geht, keinen davon zu versäumen."

Als ich mit meiner Rede zu Ende war, stand der Vorsitzende, ein Mann von etwa 60 Jahren, auf, um mir zu danken. Er hatte offensichtlich einige Schwierigkeiten mit dem Sprechen, aber irgendwie kam er mit seinen Worten zum Ende und setzte sich neben mich aufs Podium. Und dann sah ich, dass er Tränen in den Augen hatte. So unauffällig wie möglich – schließlich saßen wir auf der Bühne – fragte ich ihn, ob bei ihm alles in Ordnung sei. Er wandte sich mir zu und sagte: „Mir geht's gut. Ich fand das nur alles sehr bewegend. Ich war für fünf Tage außer Landes, und als ich zurückkam, fragte ich meinen 14-jährigen Sohn: ‚Und, hast du mich vermisst?' Er sagte: ‚Nein,

Papa – du bist ja sowieso nie da.' Und wissen Sie, was mich am meisten schockiert hat?", fuhr er fort. „Mein Sohn hat das nicht einmal sarkastisch gemeint. Er hat einfach nur das ausgesprochen, was bei uns schon Normalität geworden ist."

Ich lehnte mich zu ihm hinüber und legte meine Hand auf seinen Arm. „Es ist nie zu spät", sagte ich. Das war zwar gut gemeint, aber nicht ganz ehrlich. In Wahrheit ist es nämlich so, dass, auch wenn dieser Mann es noch schafft, eine wunderbare Beziehung zu seinem Sohn aufzubauen, ihnen beiden niemand die bereits verlorenen Jahre zurückgeben kann. Früher sah es so aus, als hätte man für immer die Möglichkeit, bei Fußballspielen zuzuschauen, und als dieser Vater sagte: „Nächste Woche komme ich bestimmt, Junge", da war es ihm ernst damit. Nur leider kamen wieder irgendwelche Geschäftspläne dazwischen, die noch geschrieben werden mussten, oder Termine mit der Buchhaltung. Es gab Hunderte von Leuten, die auf einen Teil von ihm Anspruch erhoben. Aber sein Sohn hatte nicht einmal Anspruch erhoben, er hatte ihn nur gefragt – bis er eines Tages einfach mit dem Fragen aufhörte.

Warum sollten wir so leben? Wie viel Geld oder welches Maß an Macht könnte uns zu einer Lebensweise verführen, bei der wir zwar einen unglaublichen Lebensstandard haben, aber so eine niedrige Lebensqualität? Die Antwort hören wir nicht gerne, denn was uns antreibt, ist die Illusion des *Wettlaufs*. Um die Illusion zu verstehen, müssen wir zunächst die Realität verstehen. Die Realität ist der Läufer beim Olympischen Marathon, der um fünf Uhr morgens aufsteht, um bei Wind und Wetter sein Training zu absolvieren. Er verzichtet auf Zeit mit seiner Familie oder Freunden, er verzichtet auf seine Freizeit, weil es für die nächste Zukunft nur das Rennen gibt. Er widmet sich ganz seinem Traum – der Möglichkeit, den Siegespreis zu gewinnen. Und während er die Straßen entlangläuft, träumt er von dem Moment, in dem er auf dem Siegertreppchen steht und die Medaille hochhält, während die Nationalhymne seines Landes gespielt wird.

Und jetzt stellen Sie sich das Undenkbare vor. Stellen

Sie sich vor, dass dieser Läufer 40 Jahre lang trainiert hat. 40 Jahre voller Opfer und Entbehrungen, 40 Jahre Hingabe an das Ziel. Aber im allerletzten Moment kommt ein Offizieller und sagt: „Es gibt keinen Siegespreis. Es gibt keine Medaille. Das Siegertreppchen war eine Illusion."

Ist es möglich, starke, erfolgreiche Unternehmen ohne diesen Streich zu bauen – ohne das leere Versprechen, dass am Ende der Siegespreis winkt, dass uns nur noch ein weiterer Tag von ihm trennt? Ist es möglich, Karriere zu machen und dabei ein menschliches Wesen zu bleiben, nicht nur ein Arbeitstier? Ja, das ist möglich, aber nur unter der Bedingung, dass wir das Undenkbare aussprechen: Nicht der nächste Tag birgt den Preis – sondern nur der heutige Tag. Nichts anderes wird uns davor bewahren, uns selbst etwas vorzumachen, indem wir uns einreden: „Eines Tages habe ich mehr Zeit", oder: „Als Rentner lass ich es mir gut gehen." Immer mehr junge Menschen lehnen es als sinnlos ab, alles nur für das Morgen zu tun. Sie sagen: „Wir wollen für Unternehmen arbeiten, die es uns ermöglichen, *heute* zu leben." Sind sie vielleicht weniger begabt, sind sie fauler oder haben sie einfach keine Lust auf Überstunden? Nein. Sie machen nur klar: „Ich lasse mir das nicht als einen Lebensstil für die nächsten 40 Jahre andrehen mit dem Versprechen, dass es sich eines Tages gelohnt haben wird."

Der Bericht zur „Qualität des Arbeitslebens" des *Institute of Management* hat gezeigt, dass eine steigende Zahl von jüngeren Führungskräften übertriebene Überstunden nicht akzeptabel findet.[11] Die *Financial Times* schrieb in einem Kommentar zu dem Bericht: „Die jüngere Generation kommt vielleicht auch noch zum Glauben an die Überstundenkultur. Aber wenn sie nicht nachgibt, könnte sie die treibende Kraft sein, die zu einer Veränderung führt."[12]

Das Branchenmagazin *Accountancy Age* berichtet, dass weibliche Unternehmer bemerken, dass sie nicht ernst genommen werden, wenn sie ihren Kunden erzählen, dass sie noch ihre Kinder abholen müssen. Oft müssen sie einfach so tun, als hätten sie um 15:30 Uhr irgendeinen Termin. „Wir müssen mehr Selbstbewusstsein entwickeln", meint eine selbstständige Steuerberaterin. „Ich glaube nicht, dass ich eine minderwertige Person bin, nur weil ich mich auch noch um etwas anderes als um meine Arbeit kümmere. Eine Macho-Arbeitskultur, die trotz familiärer Verpflichtungen Überstunden verlangt, macht alles nur noch schlimmer.“[13]

Eine Umfrage unter mehr als 100 Partnern, Anwälten und Personalchefs der besten 40 Wirtschaftskanzleien in Großbritannien hat kürzlich ergeben, dass 40 Prozent der weiblichen Anwälte ein Angebot als Partner ablehnen würden. Als Gründe nannten sie Stress und Überstunden. Ungefähr 86 Prozent erklärten, dass sie mit den bestehenden Karrieremöglichkeiten unzufrieden seien und alternative Strukturen unterstützen würden. Zu den von den Personalchefs favorisierten Alternativen gehörten flexible Vereinbarungen und Gleitzeiten. Anthea Grainger, Vorsitzende der Anwältinnenvereinigung, geht davon aus, dass die Frustration über mangelnde Karrieremöglichkeiten dazu führt, dass „die Firmen erkennen, dass sie an einem Wandel nicht vorbeikommen, wenn sie ihre Angestellten behalten wollen“.[14] In einer anderen Umfrage stimmte gerade einmal über die Hälfte der Befragten der Aussage „Meine Firma ermöglicht mir ein erfülltes Privatleben“ zu.[15]

Ich glaube, dass wir zurzeit Zeugen der Entstehung einer neuen Art von Führungskräften werden. Diese Männer und Frauen wissen ganz genau, dass gerade die intelligentesten und kreativsten Menschen ein Leben außerhalb ihrer Arbeit benötigen. Und mehr noch, auch sie selbst möchten gelegentlich einmal ihre Arbeit hinter sich lassen. Kurz gesagt, sie vermitteln die Botschaft: „Gebt mir jetzt etwas mehr Freiraum, damit ich mich schon während des Rennens am Siegespreis erfreuen kann – dafür könnt ihr dann auch eure Uhr behalten, wenn ich 60 werde.“

Als ich die Hälfte dieses vor Ihnen liegenden Buches geschrieben hatte, besuchte ein Freund von mir ein Seminar von Kevin Kaiser. Kaiser war stellvertretender Professor am INSEAD, einer renommierten Wirtschaftsschule in Frankreich, gewesen, hatte nicht nur Haupt- und Oberseminare für seine Studenten geleitet, sondern auch in ganz Europa Veranstaltungen für internationale Firmen und Investmentbanken durchgeführt. Mein Freund fand Kaiser brillant – er hielt ihn für einen der hellsten Köpfe in der Finanzwelt, die uns an ihrer Einschätzung bezüglich Trends, Fallschlingen und Gelegenheiten teilhaben ließen.

Dabei waren es nicht Kaisers Finanztheorien, die meinen Freund am meisten beeindruckten, sondern einfach die Geschichte seines Lebens. Ich wollte unbedingt selbst mit Kaiser sprechen und hatte schließlich die Gelegenheit, ihn in Paris zu treffen, wo er Vizepräsident im Bereich Produktentwicklung bei *bfinance.com* ist, einer Firma, die die führende Internet-Community für Führungskräfte in Europa entwickelt hat. Dort erzählte er mir seine Geschichte.

Während seiner Zeit als Professor am INSEAD nahm Kaiser, der damals verheiratet war und zwei Kinder hatte, eine Gastprofessur an der *Northwestern University* in Chicago an. Eines Tages erhielt er eine E-Mail, die ihm mitteilte, dass seine Ehe am Ende war. Seine Welt stürzte zusammen, aber sein Leben sollte noch mehr Turbulenzen erfahren. Die Investmentbank Goldman Sachs machte ihm ein Angebot. Der Partner, der ihn anwerben sollte, sagte zu ihm: „Kevin, Sie haben das Zeug zu einem großen Investmentbanker. Und nirgends wird Ihnen ein besserer Lebensstil ermöglicht als bei Goldman Sachs." Sie machten ihm ein Angebot, das er praktisch nicht ablehnen konnte. Innerhalb von vier Wochen machte ihm Morgan Stanley, Goldmans Konkurrent, dasselbe Angebot. Der Kampf um Kaiser hatte begonnen.

Kaiser lehnte beide Angebote ab, er wollte nach Paris zurückkehren, um zu sehen, ob seine Ehe noch zu retten war. Aber das war sie wohl nicht mehr.

Also entschied er, dass es an der Zeit für einen neuen Anfang sei. Er war entschlossen, nun doch eine der beiden Stellen bei den Investmentbanken anzunehmen. Genau zu diesem Zeitpunkt, als er sich darüber den Kopf zerbrach, von welcher der beiden Firmen er nun eine, wie er sich ausdrückte, „unverschämte Menge Geld" annehmen sollte, kam McKinsey ins Spiel. Die internationale Consulting-Firma wandte sich durch einen ihrer besten Leute, Tim Koller, den Koautor des Buches „Unternehmenswert“ (Campus Fachbuch, 2002), an Kaiser. Er bat ihn um ein Treffen, um ihm ein Angebot zu machen.

Aber Kaiser hatte kein Interesse. Es war nicht so, dass er McKinsey gering schätzte – immerhin hatte er Hunderte ihrer Berater ausgebildet und wusste, wofür sie standen –, aber wenn er schon die akademische Welt zugunsten der Geschäftswelt aufgab, warum sollte er dann nur die Hälfte des Geldes verlangen, das ihm die Investmentbanken zahlen wollten? Also sagte er Nein. Fünfmal. Schließlich stellte sich heraus, dass zur selben Zeit, in der er in Amsterdam ein Seminar abhalten sollte, Koller ebenfalls in der Stadt war. Er rief ihn an und schlug ein Treffen an einem Mittwochabend vor.

Inzwischen hatte Kaiser sich langsam an die Aufmerksamkeit gewöhnt, die ihm einige der attraktivsten Firmen der Finanzwelt zukommen ließen, weshalb ihn das, was dann geschah, sehr verwirrte. Koller sagte, es täte ihm sehr Leid, aber auch wenn er sich sehr gerne mit Kaiser treffen wolle, könne er ihn an diesem Mittwochabend nicht sehen. Er sagte, er gehe am darauf folgenden Tag auf eine längere Geschäftsreise und dieser Abend sei die letzte Gelegenheit für ein bereits versprochenes Familienessen mit seiner Frau und seinen Kindern.

Kaiser sagte mir: „Ich war verblüfft. In vielen Firmen wäre man schon allein bei dem Gedanken an so etwas gefeuert worden, ganz zu schweigen davon, es auszusprechen. Da wusste ich, dass ich mehr über diese Firma wissen wollte.“ Kaiser und Koller trafen sich dann an dem Donnerstag zum Frühstück.

Und so wurde bei Croissants und Kaffee einer der ungewöhnlichsten Verträge der Finzanz- und Beratungswelt in die Wege geleitet. McKinsey bot Kaiser nur die Hälfte des Geldes an, das ihm die Investmentbanken zahlen wollten, dennoch willigte er ein. Allerdings unter einer äußerst ungewöhnlichen Bedingung. Kaiser konnte seine Kinder nur alle 14 Tage am Wochenende sehen, und so sagte er zu Koller: „Für diese Wochenenden müssen Sie mich, egal, wo auf der Welt ich gerade bin, zurück nach Hause fliegen lassen, sodass ich freitags um 16:00 Uhr in Paris bin, und mich bis Sonntag 20:00 Uhr ungestört lassen – keine Anrufe, keine Hektik. Die restliche Zeit über arbeite ich 24 Stunden am Tag für Sie, ich lasse mir nicht einmal Zeit zum Essen, aber Sie müssen mir diese geschützte Zeit mit meinen Kindern erlauben. Die ist mir wirklich wichtig.“ Koller war einverstanden.

In weniger als einem Monat waren die Verträge so weit, dass sie unterschrieben werden konnten, aber noch bevor die Unterschriften darunter gesetzt worden waren, bat der Partner von Goldman Sachs Kaiser noch einmal um ein Treffen. Er versuchte immer wieder, dessen Meinung zu ändern, bis Kaiser schließlich irgendwann sagte: „Okay, ich komme zu Ihnen, aber nur unter derselben Bedingung. Jedes zweite Wochenende bin ich zu Hause bei meinen Kindern und für diese kurze Zeit darf ich nicht gestört werden.“

Der Partner sagte: „Kevin, Sie wissen, dass ich das nicht machen kann. Sie begehen einen großen Fehler.“

In den zweieinhalb Jahren, die Kaiser für McKinsey arbeitete, war er jedes zweite Wochenende zu Hause, und sein Telefon blieb still bis zum Sonntagabend.

Mir ist klar, dass so etwas nicht die Regel ist, aber die Geschichte fasziniert mich. Die Protagonisten haben etwas Mitreißendes. Da ist zunächst die große Investmentbank, dann der junge Professor und schließlich die diversen internationalen Wirtschaftsberater. Aber der Kern der Geschichte handelt von einem Mann, der sich sagt: Ich habe nur eine begrenzte Zeit, in der ich meine Kinder sehen kann, nur zwei Wochenenden im Monat, und wenn ich mir mit meinem Erfolg nicht wenigstens etwas ungestörte Zeit mit ihnen leisten kann, dann kann mir das kein Geld der Welt wieder gutmachen. Wenn ich mich als erfolgreich betrachten will, dann nur unter diesen Umständen.

Vor einigen Jahren hielt ich einen Vortrag vor etwa 100 Geschäftsleuten. Ich war gerade mitten in einem Abschnitt, bei dem es um einige der Dinge ging, auf die ich auch in diesem Buch bereits eingegangen bin. Plötzlich unterbrach mich ein Mann im Saal. Er rief: „Ja, ich verdiene eine Menge Geld, aber ich tu's für meine Kinder." Mir fiel dazu gleich ein sehr anschauliches Beispiel ein.

Ich fragte ihn nach dem Namen und Alter seines jüngsten Kindes und erfuhr, dass Ben zwei Jahre alt war. Dann bat ich ihn, sich einen langen Stahlträger vorzustellen, der nur wenige Zentimeter breit ist. Ich sagte: „Den legen wir jetzt auf die *Park Lane*. Er liegt also auf dem Boden und ist ziemlich sicher. Ben und ich sind am einen Ende und Sie am anderen. Würden Sie für 50 Pfund über den Träger zu uns hinüberbalancieren?"

Er sah ein wenig verdutzt aus, aber er sagte, er würde es tun.

„Jetzt heben wir den Träger mit einem Hubschrauber hoch und legen ihn quer über die Niagarafälle."

Er war schon einmal dort gewesen, aber ich erinnerte ihn daran, dass die Fälle über 50 Meter hoch sind und dass in einer Sekunde allein knapp drei Millionen Liter Wasser über den fast 800 Meter breiten Rand fallen. „Sie sind also auf der einen Seite und Ben und ich auf der anderen. Es regnet und ist windig, der Träger schwankt bereits ein wenig. Unter uns donnert und grollt das Wasser."

Ich hatte den Eindruck, dass sich seine Gesichtsfarbe veränderte.

„Würden Sie jetzt für 50 Pfund zu uns herüberkommen?"

Sein Nein war unmissverständlich.

„Würden Sie es für 1.000 Pfund tun?"

„Nein."

„Eine Million?"

„Nein!"

Ich ging bis auf zehn Millionen, aber er verneinte noch immer. Dann sagte ich: „Jetzt stellen Sie sich vor, wie Sie plötzlich durch den Sprühregen hindurch bemerken, dass Ben sich selbstständig gemacht hat und auf den Träger geklettert ist. Er ist auf allen vieren gut fünf Meter weit gekommen und traut sich jetzt weder vor noch zurück. Er schreit vor Angst."

Der Mann zögerte nicht. Aus der Mitte des *Hilton Ballroom* hörten wir einen Geschäftsführer im Nadelstreifenanzug brüllen: „Ich komme!"

Ich sagte: „Vergessen Sie nie diesen Moment. Dieses Kind ist Ihnen wichtiger als alles andere auf der Welt. Geben Sie Acht, dass Sie vor lauter ‚Erfolg' nicht sein Leben versäumen."

Am Ende des Seminars kam dieser Mann zu mir und sagte: „Sie haben bei mir ein Licht angeknipst."

Hier ist noch ein anderes „Licht":

Ein amerikanischer Geschäftsmann stand am Pier eines kleinen mexikanischen Fischerdorfes, als ein schmales Boot mit nur einem Fischer an Bord anlegte. Im Boot lagen mehrere große Gelbflossenthunfische. Der Amerikaner gratulierte dem Mexikaner zu seinem Fang und fragte, wie lange er dafür gebraucht habe.

Der Mexikaner antwortete: „Nur eine kurze Zeit, Señor."

Der Amerikaner fragte, warum er nicht länger auf See bliebe, um mehr Fische zu fangen. Der Mexikaner antwortete, er habe genug, um seine Familie zu versorgen.

Da fragte der Amerikaner: „Aber was machen Sie dann mit dem Rest Ihrer Zeit?"

Der Fischer sagte: „Ich spiele mit meinen Kindern, mache mit meiner Frau Maria Siesta, spaziere jeden Abend ins Dorf, trinke dort Wein und spiele Gitarre mit meinen Freunden. Ich habe ein erfülltes und reiches Leben, Señor."

Der Amerikaner lächelte: „Ich habe einen MBA von Harvard – das ist ein Abschluss in Wirtschaftslehre – ich könnte Ihnen helfen. Sie sollten länger auf See bleiben und mehr Fische fangen, die Sie dann verkaufen können, und mit dem Gewinn könnten Sie sich ein größeres Boot kaufen. Mit dem Gewinn, den Sie mit dem größeren Boot erwirtschaften, könnten Sie sich dann mehrere Boote kaufen, schließlich hätten Sie Ihre eigene Flotte. Und anstatt Ihren Fang an einen Zwischenhändler zu verkaufen, würden Sie direkt an den Verarbeiter verkaufen, am Ende würden Sie sogar Ihre eigene Konservendosenfabrik aufmachen. Sie hätten die völlige Kontrolle über das Produkt, die Verarbeitung und den Vertrieb. Sie müssten dazu natürlich dieses kleine Fischerdorf hier verlassen und nach Mexiko-Stadt ziehen, später nach Los Angeles und dann nach New York, wo Sie Ihr expandierendes Unternehmen leiten würden."

Der mexikanische Fischer fragte: „Aber, Señor, wie lange würde das alles dauern?"

„15 bis 20 Jahre", antwortete der Amerikaner.

„Und was dann, Señor?"

Der Amerikaner lachte. „Dann kommt der beste Teil. Zur richtigen Zeit verkaufen Sie Ihre Anteile und verdienen ein Vermögen. Sie könnten mehrfacher Millionär werden."

„Millionär, Señor? Und was dann?"

„Dann setzen Sie sich zur Ruhe, ziehen in ein kleines Fischerdorf und schlafen morgens aus. Sie fischen ein wenig, spielen mit Ihren Kindern, machen Siesta mit Ihrer Frau Maria und abends spazieren Sie ins Dorf, trinken Wein und spielen Gitarre mit Ihren Freunden."

Mit einem kaum zu erahnenden Zwinkern in den Augen sagte der Fischer: „Sagen Sie, Señor, ist es sehr schwer, so einen Abschluss zu bekommen?"

Checkliste

Wie sieht es bei Ihnen persönlich aus?

Nur wenige der Menschen, die ein erfolgreiches Leben gelebt haben, haben auch den wichtigsten Erfolg erreicht, nämlich ein guter Vater zu sein und Anteil zu nehmen an den Freuden und der Horizonterweiterung, die einem eine enge Beziehung zu seiner Familie geben kann.
Sir John Harvey-Jones

Wenn wir Kinder haben, ist es nicht immer leicht, ihnen so viel Zeit zu widmen, wie wir gerne wollen. Hier ein paar einfache Anregungen, die nicht viel Zeit in Anspruch nehmen, aber auf lange Sicht einen bedeutenden Unterschied in unseren Beziehungen machen.

- Kinder bekommen für ihr Leben gern Briefe. Schreiben Sie ihnen, wenn Sie länger unterwegs sind.
- Gehen Sie in die Knie, wenn Sie mit Kleinkindern sprechen, und hören Sie ihnen mit den *Augen* zu.
- Wenn möglich, nehmen Sie in der Zeit, die Sie für Ihre Kinder vorgesehen haben, keine Anrufe entgegen – kaufen Sie sich einen Anrufbeantworter, schalten Sie Ihr Handy aus.
- Führen Sie Familientraditionen ein. Es reicht schon etwas Einfaches wie Pommes Frites und Würstchen jeden Samstagabend. Wenn Ihre Kinder einmal erwachsen sind, werden sie sich daran erinnern.
- Essen Sie so oft wie möglich gemeinsam.
- Nehmen Sie, wenn das möglich ist, Ihr Kind einmal an Ihren Arbeitsplatz mit. Lassen Sie es auf Ihrem Stuhl sitzen und erklären Sie ihm, was Sie den Tag über machen.
- Planen Sie frühzeitig einen halben Tag mit Ihrem Kind ein, an dem Sie einfach gemeinsam den Alltag verbringen.
- Sagen Sie Ihren Kindern jeden Tag, dass Sie sie lieben.

- Suchen Sie sich eine große Glasflasche und füllen Sie sie mit Murmeln, von denen jede für einen Samstag steht, der noch bleibt, bis Ihre Kinder 18 sind. Nehmen Sie jede Woche eine heraus.

Die großen Illusionen

Denken Sie noch einmal an die großen Illusionen, die uns so oft die Zeit mit unseren Liebsten stehlen. Gibt es eine, die Sie besonders betrifft?

- Ich mache so viele Überstunden, damit meine Kinder es einmal besser haben als ich.
- Das Leben bleibt nicht immer so stressig – es kommt auch wieder eine ruhigere Zeit.
- Es gibt immer ein Morgen – die Tür zur Kindheit steht für immer offen.
- Die Firma/das Geschäft wird ohne mich nicht überleben. (Die Seniorpartnerin einer großen Buchhaltungsfirma nahm mich nach einem meiner Seminare einmal zur Seite und sagte: „Wenn Sie herausfinden wollen, wie unersetzlich Sie sind, nehmen Sie einen Eimer Wasser, stecken Sie Ihre Hand hinein und ziehen Sie sie schnell wieder raus. Das Loch, das zurückbleibt, gibt an, wie sehr man Sie vermissen wird.")

Partner und Freunde

Schaffen Sie „sichere Häfen" für Ihre Familie und Freunde, bei denen Sie nicht nur körperlich, sondern auch geistig anwesend sind.

- Schalten Sie abends für eine Stunde alle Telefone aus.
- Schalten Sie in einem Restaurant Ihr Handy aus. Das Leben geht auch ohne Handy weiter, und der ausbleibende Vibrationsalarm lässt Sie nicht aussehen, als säßen Sie gerade auf dem elektrischen Stuhl.
- Verabreden Sie einen Abend, an dem Sie und Ihre Frau/Ihr Mann oder Ihre Freunde gemeinsam entspannen können.

Falls nötig, tragen Sie ihn als festen Termin in Ihren Terminkalender ein. Nehmen Sie diesen Abend ernst.
- Lernen Sie wieder zu lachen – das ist eine fantastische Therapie.

Denken Sie immer daran, dass gute Zuhörer ...

- nicht ins Wort fallen.
- nicht für den anderen die Sätze beenden.
- nicht ständig auffällig auf die Uhr gucken.
- nicht zwischendurch ans Telefon gehen, falls das den Eindruck erwecken könnte, der Anruf sei ihnen wichtiger als das Gespräch.

Wie sieht es in Ihrer Firma aus?

- Sagen Sie nie: „Wir erwarten, dass unsere Angestellten ihre privaten Probleme an der Bürotür abgeben." Das ist so, als würden Sie verlangen, dass Ihre Angestellten ihr linkes Bein an der Bürotür abgeben.
- Bedenken Sie, dass 50 % aller längeren Fehlzeiten auf Stress zurückgehen, der vielfach durch familiäre Probleme ausgelöst wird. Deshalb sind alle Ressourcen, die Ihr Unternehmen für das Familienleben Ihrer Angestellten einsetzt, eine Investition in eine gesündere und besser motivierte Belegschaft.
- Erwägen Sie interne Schulungen zum Thema „Gleichgewicht zwischen Privatleben und Arbeit". Einige große Unternehmen praktizieren dies bereits.
- Richten Sie eventuell eine Unternehmensbibliothek mit familienorientierten Büchern ein (Erziehungsratgeber, Sachbücher zu Themen wie Partnerschaft, Stress oder Schulden). Viele Angestellte haben Schwierigkeiten, solche Hilfen zu finden, weil sie ohnehin zu wenig Zeit zum Suchen haben und auch nicht wissen, wo sie damit anfangen sollten.
- Werden Sie zu einem „familienfreundlichen" Unternehmen – nicht nur, weil das gut klingt, sondern weil es Ihrer Überzeugung entspricht.
- Haben Sie keine Angst vor einem/einer Angestellten,

der/die Ihnen sagt, dass ihm seine/ihre Familie wichtiger ist als die Arbeit. Sie haben jemanden mit klaren Wertevorstellungen gefunden. Unterstützen Sie diese Person dabei, mit ihren Werten zum Erfolg Ihres Unternehmens beitragen und trotzdem noch ein Privatleben führen zu können.

Prinzip Nummer sechs

Bewahren Sie den Kontakt zu den „einfachen Menschen"

Dienstag, 13. November, 22:05 Uhr.

Jack liebte es, dabei zuzusehen, wie Tom sein altes Notizbuch aufschlug, in dem er seine Prinzipien und die dazugehörigen Anmerkungen aufgeschrieben hatte. Er konnte sich bei dem Gedanken daran, wie viele Vorstandsvorsitzende ihr halbes Gehalt geben würden, um in diesem Moment an seiner Stelle zu sein, ein Lächeln nicht verkneifen.

„Also, Professor, was steht heute an?"

Tom lächelte. „Ich habe keinen Zweifel daran, dass Sie die heutige Lektion schon verstanden haben. Denn sonst hätten Sie sich damals gar nicht erst mit dem Mann unterhalten, den Sie für den Hausmeister gehalten haben.

Jack, manche Leute sagen: ‚Wenn man es im Leben zu etwas bringen will, kommt es nicht auf das Wissen an, das man sich angeeignet hat, sondern darauf, wen man kennt.' Das stimmt vielleicht, aber oft kommen Menschen auf diese Weise an Positionen, für die sie einfach nicht geschaffen sind. Auf lange Sicht ist man besser beraten, sich an das Wissen zu halten, das man sich angeeignet hat. Ich habe sogar eine ganz andere Theorie für Sie: Wenn Sie erfolgreich sein wollen, dann schenken Sie auch den Personen Ihre Aufmerksamkeit, auf die sonst niemand achtet."

Der alte Mann erfreute sich sichtlich an seinen eigenen Worten; seine Augen leuchteten, während er sprach. „Nichts stellt den oberflächlichen Charakter eines Menschen so sehr bloß, als wenn er sich plötzlich ganz anders verhält, sobald er herausfindet, dass der vermeintliche Hausmeister, der vor ihm steht, in Wahrheit der Geschäftsführer ist!

Also, Jack, wenn Sie wirklich Erfolg haben wollen ..."

Eine Umfrage hat ergeben, dass „If" („Wenn") von Rudyard Kipling das beliebteste Gedicht Englands ist. Es enthält einen wundervollen Vers: „If you can ... walk with kings – nor lose the common touch ..." – „Wenn du kannst, halte dich zu den Königen – aber verliere nicht den Kontakt zu den einfachen Menschen." Es gibt viele Menschen, die mit Königen verkehren können. Sie haben gelernt, sich so zu verhalten und so zu reden, dass sie diejenigen beeindrucken können, die sie für wichtig halten. Aber was unseren Charakter wirklich auf die Probe stellt, ist die Frage, ob wir mit Königen verkehren können, ohne dabei, wie Kipling es ausdrückt, den Kontakt zu den „einfachen Menschen" zu verlieren. Damit ist gemeint, dass wir zusehen sollen, dass wir mit allen Arten von Leuten zurechtkommen, und, was genauso wichtig ist, dass alle Arten von Leuten mit uns zurechtkommen. Wir sollten jeden Menschen, mit dem wir sprechen, mit Anstand behandeln und wichtig nehmen. Wenn Sie etwa aus einer Vorstandssitzung kommen, können Sie auf dem Flur der jungen Angestellten dafür danken, dass sie den Raum gut vorbereitet hat. Manche Leute versuchen, ein solches Verhalten als „jovial" oder „gönnerhaft" abzuwerten, aber ich bin noch keinem Menschen begegnet, egal, welche Stellung er innehatte, der etwas dagegen hatte, mit Respekt und Dankbarkeit behandelt zu werden.

Menschen, die nur „mit Königen" verkehren können, glauben, dass sie gut behandelt werden, wenn sie herumschreien, „schwierig" sind oder die Leute daran erinnern, mit wem sie es zu tun haben. Aber für gewöhnlich sind die Leute von sich aus bereit, Mühen auf sich zu nehmen, wenn sie wissen, dass sie es für jemanden tun, der sie achtet. Wenn Sie den Kontakt zu den „einfachen Menschen" pflegen, haben Sie eine Autorität, die nur zum Teil von Ihrem Titel herrührt. Die Gefahren der Autorität lassen sich auf diese Weise nicht komplett ausschalten, aber Sie erzeugen Respekt nicht auf Grund dessen, was Sie *tun*, sondern auf Grund der Person, die Sie *sind*.

Betty Boothroyd, die frühere Sprecherin des Britischen Unterhauses, hatte diese Eigenschaft. Das Sprecheramt ist kein leichtes – Horace King trieb es in den Alkohol, Selwyn Lloyd kostete es die Nerven –, und doch erfüllte sie diese Aufgabe auf eine Weise, die ihr den Respekt des ganzen Unterhauses einbrachte. Sie war seit 700 Jahren die erste Frau, die dieses Amt innehatte, und wurde zur bekanntesten Politikerin Englands nach Margaret Thatcher. Und doch sagte sie: „Ich lasse mir von dieser ganzen Aufregung nichts vormachen. Ich komme aus dem Norden, da steht man mit beiden Beinen auf dem Boden. Ich habe meine Wurzeln unter meinen Fingernägeln." Ein enger Freund sagte über sie: „Man hat wirklich das Gefühl, sie ist eine von uns. Menschen, die einfach sie selbst sind, machen immer Eindruck. Sie versucht nie, etwas anderes zu sein."

Kürzlich hörte ich die völlig gegensätzliche Geschichte von einem geschäftsführenden Direktor, der sich jeden Morgen um 7:30 Uhr zu Hause von seinem Chauffeur abholen ließ. Dieser hatte strenge Anweisungen: Er durfte den Fahrersitz nicht verlassen und musste, sobald sein Arbeitgeber eingestiegen war, sofort losfahren. Er durfte kein Gespräch anfangen und noch nicht einmal seinen Chef im Rückspiegel ansehen. Mehrere Monate lief alles seinen Gang, bis dem Direktor eines Morgens einfiel, dass er einige Unterlagen vergessen hatte. Er ging zurück zum Haus. Der Chauffeur hörte nur, wie die Wagentür zufiel und fuhr los. Erst 50 Minuten später bemerkte er, dass er seinen Chef vergessen hatte. Er wurde gefeuert.

Was für ein Unterschied zu der Einstellung des verstorbenen Sir John Laing, dem Gründer einer berühmten Baufirma. Jeden Morgen fuhr er seinen Rolls-Royce zur Arbeit, und einmal, als er gerade auf die Auffahrt zu seiner Zentrale fuhr, hupte er und winkte einem Angestellten zu, der zu Fuß zur Arbeit ging. Der Mann zog sofort den Hut und entschuldigte sich dafür, dass er im Weg war. Sir John guckte ihn amüsiert an. „Nein, nein", sagte er, „ich wollte nur einen guten Morgen wünschen."

Den Kontakt zu den „einfachen Menschen" zu halten bedeutet auch, dass Sie offen dafür sind, Talent an unerwarteter Stelle zu finden – sogar einen überraschenden Faktor X. Vor einigen Jahren fiel uns in unserer Anwaltskanzlei auf, dass sich das Verhalten der Mandanten änderte, die einen Anwalt suchten. Immer öfter riefen sie zuerst an und fragten nach den Kosten, ehe sie einen Termin machten. Das Problem war nun, dass, sobald man eine Summe nannte, es immer noch einen Konkurrenten gab, der ein wenig günstiger war. Einige Kanzleien sagten sogar: „Rufen Sie wieder an, wenn Sie das günstigste Angebot eingeholt haben – wir werden es unterbieten." Aber diese Firmen leisteten oft keine gute Arbeit. Wir glaubten daran, dass wir es schaffen würden – nicht indem wir die Billigsten, sondern indem wir die Besten sein würden. Um das jedoch umzusetzen, mussten wir mit den Mandanten ins Gespräch kommen. Wir bildeten deshalb ein Team von Leuten, deren Aufgabe es war, solche Anrufe entgegenzunehmen und die Mandanten davon zu überzeugen, dass es sich für sie lohnen würde, einen Termin zu machen und uns kennen zu lernen. Dazu bedurfte es keiner besonderen Jurakentnisse – tatsächlich stellten sich gerade die Anwälte am ungeschicktesten an. Dieses Team aber hatte einen überwältigenden Erfolg.

Eines Tages kam eine Anfrage rein, aber die Mitglieder des Teams hatten alle schon einen Anrufer in der Leitung, und so wurde das Gespräch schließlich zu einer jungen Sekretärin namens Andrea durchgestellt. Sie legte ihre Arbeit einen Moment zur Seite und überzeugte den Anrufer offenbar ohne große Anstrengungen davon, einen Termin auszumachen. Das Team war beeindruckt und gab Andrea noch eine zweite Chance – mit demselben Ergebnis. Auch wenn sie „nur" eine unerfahrene Sekretärin war, wurde sie als jemand mit einer besonderen Gabe erkannt. Sie wurde in das Team aufgenommen.

Kurz darauf arbeitete ich als Berater für eine Kanzlei aus einer anderen Stadt. Man hatte mich um Hilfe beim Umgang mit unverbindlichen Anrufern gebeten, die man gerne als Mandanten gewinnen wollte. Werbung für Anwälte war in England gerade erst zugelassen worden, und viele Kanzleien gaben nun ein Vermögen dafür aus, ohne dieses Geld wirklich wieder reinzuholen. Ich erzählte also von unserem Telefonteam. Ich erklärte, dass in vielen Kanzleien die Anwälte selbst solche Anrufe entgegennähmen, die aber in der Regel sehr schlecht darin seien.

Ich wollte den Kollegen gerne ein anschauliches Beispiel für unsere hohe Erfolgsquote liefern, also rief ich Andrea an und fragte sie, ob sie in den Konferenzraum kommen und uns eine kleine Vorführung geben könne. Sie sagte: „Selbstverständlich - soll ich mein Buch mitbringen?" Ich hatte keine Ahnung, welches Buch sie meinte, aber ich sagte: „Klar, bringen Sie Ihr Buch mit."

Ich werde nie vergessen, wie diese junge Frau, nicht einmal 20 Jahre alt, in den Konferenzraum kam und gegenüber von vier zynischen Anwälten Platz nahm. Sie war so unbeeindruckt, dass es fast schon unheimlich war. Als sie ganz sicher war, die Aufmerksamkeit der Männer zu haben, holte sie ihr Buch hervor. Sie hatte jeden Anruf eingetragen und in der rechten Spalte das Ergebnis notiert - „Erfolg" oder „Misserfolg". Ein Eintrag über einen Anruf mit der Notiz „Erfolg" folgte dem anderen. Diese Frau hatte eine Fähigkeit in sich entdeckt, über die in dieser Kanzlei keine andere Person verfügte, wie viele Juraabschlüsse sie auch haben mochte, und wenn das Telefon klingelte, war ihr Moment gekommen.

Während Andrea redete, konnte ich sehen, wie der Zynismus der Anwälte förmlich dahinschmolz. Man verstand sofort, warum die Mandanten dieser Frau vertrauten. Sie erklärte ihren Zuhörern ganz genau, wie so ein Telefonat aussah - vom ersten „Hallo" bis zu ihrem Umgang mit dem anfänglichen „Nein" des Anrufers in Bezug auf einen Termin. Während sie sprach, bemerkte ich plötzlich, dass sie ihr Redetempo gedrosselt hatte. Ich musste lächeln, als ich den Grund sah. Während dieses Mädchen redete, schrieben die Anwälte eifrig mit, um auch ja kein Wort zu verpassen. Sie taten gut daran, diesen Moment festzuhalten. Sie erlebten den Faktor X in Aktion.

Ich bin davon überzeugt, dass viele Manager nicht einmal ein einfaches „Hallo" für einige Angestellten zu Stande kriegen. Sie wissen nicht, auf was für verborgene Talente sie stoßen würden, wenn sie solchen Leuten auch nur ein paar Minuten ihrer Zeit opfern würden - Talente, die ihre Unternehmen revolutionieren könnten.

Den Kontakt zu den „einfachen Menschen" zu halten

kann auch einige sehr konkrete Auswirkungen haben. Sind Sie schon einmal in einem Meeting gewesen, bei dem jeder sehnsüchtig auf den Kaffee wartet? Endlich ist er fertig und ein Assistent stellt ihn in die Mitte des Tisches, zusammen mit zwölf Tassen und Untertassen und einer Schale Kekse. Und da bleibt er dann auch stehen, denn obwohl die Hälfte der Leute im Raum für einen Schluck Koffein töten würden, möchte niemand derjenige sein, der mit dem Servieren anfängt. Vor einigen Jahren hatte ich das Vorrecht, einigen Meetings mit dem Vorsitzenden einer sehr erfolgreichen Firma beizuwohnen. Dieser Mann konnte mit Königen verkehren und tat das auch tatsächlich, aber er hatte sich auch eine seltene Bescheidenheit bewahrt. Mir fiel auf, dass er, sobald der Kaffee auf dem Tisch stand, sich selbst daran begab, ihn auf die Tassen zu verteilen. Später erzählte er mir, dass er es schon seit Jahren so halte. Er sagte mir: „Oft wird der Kaffee kalt, weil die Leute plötzlich an ihrem Selbstbewusstsein zweifeln. Entweder trauen sie sich nicht, das Meeting zu unterbrechen, oder sie halten es für unter ihrer Würde, solche gewöhnlichen Aufgaben zu übernehmen." Er ermahnte mich, aufzustehen und die Sache in die Hand zu nehmen, egal, wo mein Platz in der so genannten „Hierarchie" auch sein mochte. „Wenn Sie der Geschäftsführer sind, können Sie Gift darauf nehmen, dass sich beim nächsten Meeting sofort alle auf den Kaffee stürzen werden; und wenn die anderen denken, dass Sie am untersten Ende der Leiter stehen, dann haben sie ohnehin nur darauf gewartet, dass Sie es machen."

Den Kontakt zu den „einfachen Menschen" zu halten bedeutet auch, sich selbst nicht zu ernst zu nehmen und es sich zur Gewohnheit zu machen, Menschen unabhängig von ihrer Stellung im Unternehmen mit Anstand zu begegnen. Wenn wir uns daran halten, entdecken wir einige faszinierende Vorteile: Zunächst einmal begegnen wir Menschen auf ihrem Weg nach oben. Die Verkaufsleiterin wird sich daran erinnern, wie Sie sich ihr gegenüber verhalten haben, als sie noch grün hinter den Ohren war. Noch überzeugender ist vielleicht die Überlegung, dass Sie, sollten Sie einmal die Leiter wieder herabsteigen müssen, möglicherweise denen begegnen könnten, die Sie früher übergangen haben und die nun auf ihrem Weg nach oben sind – und das könnte unangenehm werden. Kurz gesagt: Sie machen sich weniger Feinde. Aber was noch wichtiger ist: Wenn Sie anfangen, Ihre Pläne und Strategien umzusetzen, haben Sie Leute um sich, die Sie mit ihrer ehrlichen Meinung unterstützen. Menschen äußern ihre Bedenken viel eher denjenigen gegenüber, die sie respektieren und die ihnen einfach sympathisch sind. Und niemals sollten wir vergessen, wie wichtig der gute Wille des „Fußvolks" für den Erfolg eines Unternehmens ist.

Ich war für viele Kanzleien als Berater tätig. Manchmal haben wir stundenlang mit den Partnern nach Auswegen gesucht. Danach hieß es dann, alle Mitarbeiter zusammenzubringen – Anwälte, Buchhalter, Bürokräfte ... einfach jeden – und unsere Strategie vorzustellen. Ich weiß noch, wie mein Partner und ich einmal eine PowerPoint-Präsentation zeigten, um unseren Plan für die Zukunft der Firma vorzustellen. Als wir die Strategie durchgingen, fiel uns auf, dass die Sekretärinnen grinsten. Es dauerte etwas, bis wir verstanden, warum, aber dann mussten wir selbst grinsen. Diese Sekretärinnen sagten damit: „Versucht das mal ruhig." Sie wussten nämlich genau, wo in einem Anwaltsbüro die eigentliche Macht liegt, und sie hatten Recht. Wer an Macht gewöhnt ist und sein Leben an der Spitze einer Organisation verbringt, vergisst schnell, wie leicht die Leute am Ende der Leiter die großartigsten Pläne gelingen oder scheitern lassen können.

Als ich mit 18 zur Uni ging, bekamen Albert Jenkins und ich einen Job bei einer örtlichen Behörde. Wir sollten die Räder an Lastwagen zählen. Es ging um den Bau einer Umgehungsstraße und die Zählung sollte einen Überblick über die Menge an Lastverkehr liefern. Jeder von uns bekam einen Stuhl, einen Bleistift und einen Schreibblock. Dann wurden wir in den Grünstreifen einer großen Straße gesetzt und sollten zählen. Es wäre auch alles gut gegangen, wenn die Verantwortlichen Albert mit etwas mehr Anstand behandelt hätten. Stattdessen hatten sie ihn so behandelt, als sei er nur eine Nummer – leicht ersetzbar und ohne Wert. Und so zählte Albert, alles andere als motiviert, mehr Räder als es tatsächlich gab. Die Behörde hatte ein Vermögen für Pläne, Eingaben, Gutachten und übereilte Bauaufträge ausgegeben, und Albert machte, nur mit Bleistift und Papier, alle großartigen Pläne zunichte.

Vor einigen Jahren lud eine große Londoner Firma, die darauf aus war, mit einer prestigeträchtigen Auszeichnung bedacht zu werden, externe Berater zu einer Bewertung ihrer Personalpolitik ein. Der Mann, der eine erste Bewertung durchführen sollte, sagte den Partnern, er wolle gerne mit einem der Angestellten sprechen. Sie waren einverstanden, denn sie gingen davon aus, dass jeder Angestellte nur Gutes zu berichten hätte. Während der letzten sechs Monate hatten sie intensive Gespräche mit den Angestellten geführt, waren auf deren Bedürfnisse eingegangen und hatten sie regelrecht verwöhnt. Sie hatten an alles gedacht – oder beinahe an alles, denn als Erstes ließ der Bewerter eine Reinigungskraft kommen. Er stellte dem Mann nur eine einzige entlarvende Frage: „Wurden Sie zur Weihnachtsfeier eingeladen?“ Der Mann antwortete: „Ich wusste nicht einmal, dass es eine gab!“ Im darauf folgenden Jahr schickte ihm der Direktor persönlich die Einladung.

Sir Kenneth Cork war ohne Zweifel einer der bekanntesten Insolvenzverwalter in Großbritannien, nach Meinung mancher sogar der bekannteste. 1982 war er für den Cork Report, eine grundlegende Rechtsstudie zu den Themen Insolvenz, Bankrott, Liquidation und Konkursverwaltung, verantwortlich. Er wurde zum Oberbürgermeister von London gewählt, und es gab kaum jemanden, der eine klarere Vorstellung davon hatte, was Unternehmen zum Erfolg führt – oder auch nicht –, als Sir Kenneth. Berühmt geworden sind seine „ersten Warnzeichen einer insolventen Firma“. Hier nur ein paar Bespiele:

- ein Springbrunnen in der Lobby
- ein eigener Flaggenmast
- eine Auszeichnung mit dem „Queen’s award for industry“

- eine Auszeichnung für die beste Präsentation der Jahresbilanz
- ein Rolls-Royce mit den Initialen des Direktors als Kennzeichen.

Aber was diesen Mann vor allem ausgezeichnet hat, war, dass er den Kontakt zu den „einfachen Menschen" gehalten hatte. Er hatte die Fähigkeit, Menschen aller Hintergründe und in allen Positionen eines Unternehmens mit Anstand zu behandeln. Er war von ganzem Herzen davon überzeugt, dass es gerade die Leute am unteren Ende der Hierarchie sind, die den klarsten Blick dafür haben, was bei einem Unternehmen falsch läuft, und er liebte es, mit solchen Menschen zu reden. Er sagte einmal:

Um zu verstehen, was bei einem Unternehmen schief gegangen ist, darf man sich auf keinen Fall auf das verlassen, was man in den Konferenzräumen oder auf der Vorstandsetage hört. Es gibt immer jemanden – oft in der Buchhaltung –, der tatsächlich genau erkannt hat, was schief gelaufen ist. Er ist nicht unbedingt der Verantwortliche – sehr oft ist er es nicht. Sobald man diese unersetzbare Person ermittelt hat, muss man ihr Wissen nutzen, so gut es geht.[16]

Sir Kenneth Cork glaubte, dass der Grund für das Scheitern vieler Unternehmen in der mangelnden Kommunikation der Direktoren untereinander und nach „unten" und der von den Angestellten nach „oben" liegt. Über gescheiterte Unternehmen sagte er:

Es gab dort nicht das nötige Bewusstsein für das Leben ganz allgemein, dafür, wie Dinge und Menschen funktionieren. Die Verantwortlichen lebten oft in ihrer eigenen abgeschlossenen Welt. Es stimmt ganz und gar nicht, dass ein so genannter ‚einfacher Angestellter' nicht versteht, worauf es bei der Leitung einer Firma ankommt. Ich bin davon überzeugt, dass in fünf von zehn Fällen die mögliche Rettung eines Unternehmens in der Kommunikation liegt. Leider können viele derjenigen, die leitende Positio-

nen innehaben, nicht einmal untereinander kommunizieren, geschweige denn mit ihrer Belegschaft.[17]

Unmittelbar nach Ende des Ersten Weltkrieges ging mein Onkel William, der in den Schützengräben in Frankreich Gasangriffe überlebt hatte und schwer verwundet worden war, eines Abends von seiner Arbeit im Steinbruch nach Hause. Wie an jedem Tag vor dem Krieg nahm er auch diesmal die Abkürzung über das Feld des Gutsbesitzers. Er wusste nicht, dass der alte Gutsbesitzer seit seiner Zeit in Flandern schwer erkrankt war und sich nun dessen Sohn um das Gut kümmerte. Während mein Onkel William, den Minengeruch noch in den Kleidern, so durch das Feld ging und schon vom Abendessen träumte, hörte er plötzlich eine Stimme hinter sich herrufen: „Hey, Sie da!“

William drehte sich um; schon wieder rief die Stimme: „Was glauben Sie eigentlich, was Sie da machen?“

William sah sich um, um zu sehen, ob vielleicht irgendwas um ihn herum passiert war, was er verpasst hatte, und rief zurück: „Reden Sie mit mir?“

Inzwischen war die Person, die gerufen hatte, näher gekommen und William konnte sie nun als den Sohn des Gutsbesitzers erkennen. Dieser war nur noch wenige Meter entfernt und schäumte vor Wut: „Sie können nicht einfach hier durchs Feld laufen.“

„Ich gehe schon seit 15 Jahren durch dieses Feld – außen herum ist es mehr als einen Kilometer weiter.“

„Jetzt ist jedenfalls Schluss damit.“

„Hören Sie, ich bin wirklich müde. Ich bin gerade erst aus dem Krieg in Frankreich zurückgekommen, ich habe zehn Stunden im Steinbruch gearbeitet – lassen Sie mich jetzt vorbei.“

„Ich rufe die Polizei!“

„Einen Moment mal. Wie ist Ihr Vater eigentlich an dieses Feld gekommen?“

„Sein Vater hat es ihm vererbt.“

„Und wie hat *der* es bekommen?“

„Sein Vater hat es ihm vererbt.“

Und so ging William mit dem jungen Gutsbesitzer sieben Generationen zurück, bis er schließlich fragte:

„Und wie hat *der* es bekommen?“

„Er hat darum gekämpft.“

Das war die Antwort, auf die William gewartet hatte. Erschöpft nahm er seinen Rucksack ab und fing an, sich die Jacke auszuziehen.

„Gut“, sagte er, „dann kämpfe ich jetzt mit *Ihnen* darum.“

Seitdem störte ihn niemand mehr bei seinem Weg durch das Feld.

Ich habe keinen Zweifel daran, dass der junge Gutsbesitzer mit Königen verkehren konnte – wahrscheinlich kannte er sogar ein oder zwei persönlich –, aber sein Leben wäre vertan gewesen, wenn er nicht das begriffen hätte, was sein Vater über viele Jahre hinweg gelernt hatte. Darum ging es Kipling in seinem berühmten Gedicht, und dieses Prinzip betrifft Direktoren, Ärzte und Politiker, überhaupt alle, die mit Menschen zu tun haben: Wenn Sie den Kontakt zu den „einfachen Menschen“ verlieren, verlieren Sie jeden Bezug.

Checkliste

Wie sieht es in Ihrer Firma aus?

- Gibt es in unserer Firma oder in meiner Abteilung jemanden, der möglicherweise über den ‚Andrea-Faktor' verfügt? (s. Seite 106–107)
- Gibt es eine Möglichkeit, wie ich dies herausfinden kann, ohne den Angestellten oder die Firma in eine unliebsame Situation zu bringen?
- Was tun wir, um jedem Angestellten das Gefühl zu geben, dass er etwas wert ist?
- Denken Sie einmal über den folgenden Ausschnitt aus Dale Carnegies Klassiker „Wie man Freunde gewinnt" nach:

1936 gab es nur zwei Menschen, die ein Gehalt von einer Million Dollar im Jahr bekamen: Walter Chrysler und Charles Schwab. Was brachte Andrew Carnegie dazu, Schwab dreitausend Dollar am Tag zu bezahlen? Dass Schwab ein Genie war? Nein. Dass er mehr über die Stahlherstellung wusste als jeder andere? Unsinn – Charles Schwab erzählte mir, dass Leute für ihn arbeiteten, die sich besser damit auskannten als er.

Laut Schwab bekam er dieses Gehalt vor allem wegen seiner Fähigkeit, mit Leuten umzugehen. Ich fragte ihn nach seinem Geheimnis. Er selbst hat es folgendermaßen ausgedrückt, in Worten, die man in Bronze gießen sollte und in jedem Haus, in jeder Schule, in jedem Büro und in jedem Laden aufhängen sollte: „Für eins meiner wichtigsten Güter halte ich meine Eigenschaft, andere zu begeistern, und das geht am besten, indem man ihre Leistung anerkennt und sie zu mehr ermutigt."[18]

Überlegungen in Bezug auf Ihr Privatleben und Ihre Firma

- Wie können wir bei uns zu Hause und in unseren Büros für eine Atmosphäre sorgen, die dazu beiträgt, dass die Menschen um uns herum ermutigt werden und dass in ihnen Begeisterung freigesetzt wird?
- Warum haben so viele Manager Probleme damit, andere zu loben? Vielleicht sind sie selbst nie gelobt worden oder, was wahrscheinlicher ist, sie sind einfach nur unsicher.

Carnegie selbst glaubte an Lob. Er entwarf sogar seinen eigenen Grabstein mit der Inschrift: „Hier ruht jemand, der wusste, wie er um sich herum Menschen versammelte, die schlauer waren als er."

- Was ist das größte Hindernis, das uns dabei im Wege steht?

Denken Sie immer daran: Leute verlassen in der Regel nicht ihren Arbeitsplatz, sondern ihre Vorgesetzten.

Prinzip Nummer sieben

Geben Sie sich nicht mit Erfolg zufrieden. Verändern Sie etwas – geben Sie Ihrem Tun einen Sinn

Dienstag, 20. November, 22:10 Uhr

Jack glaubte, schon den Kaffee und den Pfeifenrauch riechen zu können, als er den Hügel hochging. Tom sagte ihm immer, er solle einfach gleich reinkommen. Manchmal klemmte die Tür ein wenig, heute jedoch musste er besonders stark dagegendrücken. Sie war verschlossen. Plötzlich bekam Jack ein ungutes Gefühl. Da sah er, dass ein Umschlag an die Tür geheftet war. Sein Name stand darauf, und so riss er ihn eilig auf. In dem Brief stand:

Jack,
es tut mir Leid, aber wir müssen unsere letzte Lektion ausfallen lassen. Letzte Nacht hatte ich Schmerzen in der Brust, und die Ärzte haben mich überredet, für ein paar Tage zur Kontrolle ins Krankenhaus zu gehen. Ich melde mich, sobald ich den Tropf los bin.
Unsere gemeinsamen Stunden haben mir noch mehr Freude gemacht als Ihnen. Sie sind noch jung, aber Sie haben etwas getan, was die meisten Menschen ihr ganzes Leben lang nicht schaffen. Sie haben sich die Zeit genommen zu fragen: „Was soll das alles eigentlich?" Überall auf der ganzen Welt hetzen sich die Leute damit ab, scheinbar dringende Anrufe zu tätigen oder sich durch Vorstandssitzungen zu kämpfen, und sie tun, was sie können, damit die Zahlen ausgeglichen sind. Business-Pläne werden geschrieben, durch den Reißwolf gejagt und wieder neu geschrieben. Auf den Schreibti-

schen häufen sich Konzeptpapiere, die schon wieder überholt sind, ehe die Tinte überhaupt getrocknet ist, und jede Woche ergeben sich neue „einzigartige Gelegenheiten". Lassen Sie sich das nicht so zu Herzen gehen, sodass Sie eines Tages zum Zyniker werden, aber halten Sie die Augen offen. Wir beide haben über viele Dinge geredet – darüber, wie man Zeit für die wichtigen Dinge findet, darüber, wie man seine größte Stärke entdeckt, und darüber, wie man einen Traumfänger findet, um nur einige zu nennen – aber die schwerste Lektion steht Ihnen erst noch bevor, und vielleicht ist es sogar besser, wenn Sie sie ohne mich lernen. Wir wissen heute so viel, Jack, und doch mangelt es uns so sehr an Weisheit. Es reicht im Leben nicht zu wissen, was man weiß, man muss auch wissen, woran man glaubt. Nur das kann Ihnen helfen, einen Weg einzuschlagen, der Ihnen Erfolg auf ganzer Linie bringt.

Ihr Freund Tom

PS: Und hier noch das letzte Prinzip: Geben Sie sich nicht mit Erfolg zufrieden. Verändern Sie etwas – geben Sie Ihrem Tun einen Sinn.

Wir leben heute in einer unglaublichen Zeit. In einer sternklaren Nacht können wir vor unseren Häusern spazieren gehen, zum Himmel aufblicken und atemlos flüstern: „Wir können Leute da hochschicken." Wer schon etwas älter ist, erinnert sich noch an die Sensation, die Dr. Christian Barnard im Dezember 1967 auslöste, als er dem südafrikanischen Kaufmann Louis Washkansky ein neues Herz einpflanzte. Heutzutage ist diese Operation ein Routineeingriff. Noch vor 100 Jahren konnte eine Reise von England nach Spanien über drei Wochen dauern. Und heute? Erst kürzlich flog ich von Malaga nach London. Bei der Landung entschuldigte sich der Pilot, dass der Flug zweieinhalb Stunden gedauert hatte; wir hatten *zehn Minuten* Verspätung. In den letzten 30 Jahren hat es mehr wissenschaftliche Entdeckungen gegeben als in der gesamten Geschichte zuvor.

Aber inmitten all dieses Fortschritts, bei aller Macht und Stellung des Menschen, gibt es einen statistischen Wert, der uns etwas bremsen, uns zum Innehalten und Nachdenken anregen sollte: Die Sterblichkeitsrate beträgt heute nach wie vor 100 Prozent. Und nicht nur das, das Leben ist *kurz*. Mit all unseren Therapien, Medikamenten, Trainingsprogrammen und Pflegeprodukten haben wir es nicht geschafft, der Schätzung, die ein jüdischer Dichter vor 4.000 Jahren angestellt hat, viele Jahre hinzufügen. Er hatte damals geschrieben: „Unser Leben währt siebzig Jahre, und wenn es hochkommt, sind es achtzig" (Psalm 90,10).

Natürlich haben einige unverwüstliche Naturen den Durchschnitt etwas angehoben, indem sie die Einschätzung weit übertroffen haben. Jeanne Calment zum Beispiel – sie war der erste Mensch mit einer Geburtsurkunde, der 120 Jahre alt geworden ist. Sie war eine richtige Dame. Mit 85 fing sie das Fechten an, und mit 115 gab sie das Rauchen auf, weil sie meinte: „Langsam wird es zu einer schlechten Angewohnheit. Und seit ich blind bin", sagte sie außerdem, „habe ich auch Schwierigkeiten mit dem Anzünden." Sie konnte sich noch an den Bau des Eiffelturms erinnern, und sie konnte noch von einem „hässlichen, schlecht gelaunten Mann mit Alkoholfahne" erzählen, der in den Laden ihres Vaters im französischen Arles gekommen war, um Farbe zu kaufen –Van Gogh. Ein Reporter fragte sie einmal, ob sie Falten habe, und sie antwortete: „Nur eine einzige, und auf der sitze ich."

Aber Jeanne Calment machte auch einen Kommentar, den wir uns alle rahmen lassen und in unsere Wohnzimmer hängen sollten. Als sie 115 war, wurde sie gefragt, wie ihrer Meinung nach die Zukunft sein wird, und sie sagte: „Kurz, sehr kurz." Es ist kein Geheimnis, dass junge Menschen das nicht glauben. Wenn wir 20 sind, kommt uns das Leben vor wie die großen Sommerferien in unserer Schulzeit. Wir wussten zwar, dass sie nicht wirklich ewig dauern würden, aber solange sie noch vor einem lagen, wirkten sie dennoch fast so. Wenn aber der August zu Ende ging und der September die ersten kühlen Tage brachte, verschwanden die langen, formlosen Tage auf einmal viel zu plötzlich. So wird es Ihnen irgendwann wieder ergehen. Die Zukunft ist kurz.

Letztes Jahr lud mich ein britischer Geschäftsmann zusammen mit einigen Freunden zu einem Kurzurlaub in seine Villa am Mittelmeer ein. Er war ein ungewöhnlicher Mann. Er war gerade erst 40 geworden und hatte schon beim Aufbau eines mehrere Millionen schweren Imperiums mitgewirkt, zu dem Grundstücke, Medienunternehmen und Lizenznehmer gehörten. Nicht schlecht für jemanden, der 20 Jahre zuvor noch als Börsenhändler gearbeitet hatte.

Keiner seiner Gäste hatte zuvor schon einmal sein Ferienhaus besucht, und als ich einem von ihnen wenige Tage vor unserer Abreise zufällig begegnete, fragte er mich, was ich erwarten würde. Ich wusste es selbst nicht so recht, aber da ich das Haus und die Büros unseres Freundes kannte, sagte ich: „Geh mal eher nicht von Feldbetten in einer Einzimmerwohnung über einem Tante-Emma-Laden aus." Ich lag nicht verkehrt. Was uns erwartete, war ein Landhaus mit herrlichen Gärten, einem riesigen, nierenförmigen Swimmingpool und so vielen Schlafzimmern, dass man sich schon mal verlaufen konnte.

Eines Morgens stand ich früh auf und traf unseren Gastgeber in der Küche, wo er gerade Kaffee kochte. Wir gingen mit unseren Tassen zu einem der großen Zimmer, die zum Pool hinausführten. Während wir zuschauten, wie sich die ersten Sonnenstrahlen auf dem Wasser spiegelten, drehte er sich plötzlich zu mir um und sagte: „Weißt du, das reicht nicht." Ich sah ihn fragend an – man konnte sich nur schwer etwas Besseres vorstellen.

Er fuhr fort: „Wenn du alles hast, denken die Leute, dass du wirklich *alles* hast. Aber so ist es nicht." Er erzählte mir von einer, wie er es nannte, „lebensverändernden Erfahrung", die er ein Jahr vor unserem Kennenlernen gemacht hatte. Er war krank geworden und musste eine Kernspintomographie durchführen lassen.

„Der Arzt hat mir meinen Körper bis ins letzte Detail gezeigt", sagte er. „Ich konnte mein Herz sehen, meine Leber, meine Lunge, und plötzlich wurde mir klar, dass ich nur ein Mensch bin wie jeder andere auch, dass ich krank werden konnte und, was mir am meisten Angst machte, dass ich eines Tages sterben würde wie der Rest der Menschheit auch."

„Ich weiß, das klingt blöd", fügte er hinzu, „aber bis zu diesem Moment hatte ich in einer Scheinwelt gelebt, in der meine Unangreifbarkeit in der Geschäftswelt mich sicherlich auch vor dem Sensenmann bewahren würde – irgendwie würde ich mit ihm bestimmt ein Geschäft machen oder jemanden bezahlen können, der mich dann vor ihm beschützen würde. Aber an diesem Herbsttag in dem Krankenhaus in London wurde mir bewusst, dass, selbst wenn ich von meiner momentanen Krankheit geheilt werden würde, dies auch nur ein Aufschub wäre und ich eines Tages sterben würde." Er verstummte und sagte dann: „Wonach ich mich seitdem sehne, ist nicht Erfolg – den habe ich schon. Ich weiß, das klingt vielleicht kitschig, aber ich möchte einfach etwas verändern."

Mein Gastgeber war von einer Sehnsucht getrieben, die uns irgendwann alle einholt. Die Wurzeln dafür liegen tief in jedem Mann und jeder Frau verborgen, und wenn wir versuchen, diesen Ruf zu ignorieren, dann werden wir, egal, wie viel Geld, Macht oder Ansehen wir haben, früher oder später innerlich absterben. Es ist die Suche nach einem Sinn.

Wenn Sie und ich miteinander den Kern und das Wesen des Erfolges entdecken wollen, dann ist es vielleicht ratsam, nicht nur an die Gegenwart zu denken, sondern sich auch das Leben in einigen Jahren vorzustellen. Blicken Sie zurück und versuchen Sie, eine Antwort auf die Frage „Was wird mir dann wichtig sein?" zu finden. Das Problem besteht darin, dass in unserer Jugend die Regeln so klar sind: Sieh zu, dass du an die Spitze gelangst, den Direktorenparkplatz bekommst und genügend Besitz anhäufst, damit die Leute sagen: „Der hat Erfolg!" Aber wenn wir älter werden, dämmert uns langsam, dass sich die Regeln geändert haben. Jetzt möchten wir nicht nur einfach als erfolgreich, sondern als *bedeutend* angesehen werden. Wir wollen glauben, dass unser Leben zu etwas nütze war, dass wir etwas bewirkt haben. Es geht uns nicht mehr um Besitz, sondern um Beziehungen. Und als wäre das noch nicht ernüchternd genug, sind alle unsere Geschäftsfreunde, die die alten Regeln verstanden haben, plötzlich verschwunden. Und die Übriggebliebenen sagen uns: „Ohne dich schaffen wir's nicht." Aber sie schaffen es sehr wohl. Schon am nächsten Tag.

Doch jetzt die gute Nachricht: Egal, wie alt wir werden – solange wir noch atmen können, haben wir die Möglichkeit, uns zu verändern. Alfred Nobel war einer der erfolgreichsten Unternehmer des 19. Jahrhunderts. 1877 ließ er sich seinen neuen Sprengstoff patentieren – das Dynamit. Bald hatte er Patente in jedem industrialisierten Land. 1880 leitete er das größte Dynamit-Kartell der Welt. Seine Lizenzeinnahmen, Dividenden und Profite wuchsen ständig. Doch eines Tages veränderte ein kleiner Fehler sein Leben für immer. Eine französische Zeitung verwechselte ihn mit seinem Bruder Ludvig, der gerade gestorben war, und brachte eine Todesanzeige für ihn. Alfred bekam die Gelegenheit, die sich viele wünschen – er konnte bei einer Tasse Kaffee seinen eigenen Nachruf lesen und erfahren, was die Leute von ihm dachten. Aber er musste lesen, dass er als „Händler des Todes" bezeichnet wurde, dessen „Vermögen alleine dadurch zu Stande gekommen war, dass er neue Möglichkeiten gefunden hatte, zu töten und zu verstümmeln". Während Nobel die Zeitung in seinen Händen hielt, schwor er sich, dass er einmal auf andere Weise in Erinnerung behalten werden wollte. Er beschloss, dass sein Leben von diesem Tag an nicht nur erfolgreich sein, sondern eine Bedeutung haben sollte. Er fing an, mit seinem ungeheuren Vermögen die Künste, die Wissenschaften und vor allem den Frieden zu fördern. Als Nelson Mandela 1995 den Friedensnobelpreis entgegennahm, dürfte nur wenigen Zuschauern klar gewesen sein, dass dieses Ereignis auf den Fehler eines schwedischen Journalisten zurückging, der eben dadurch das Leben eines anderen Mannes für immer veränderte.

Immer mehr Unternehmen fangen nun damit an, der Allgemeinheit oder aber irgendwelchen Hilfsorganisationen Arbeitskräfte, Finanzen oder andere Ressourcen zur Verfügung zu stellen. Wir wissen natürlich, dass dies nicht aus reiner Selbstlosigkeit geschieht. Wenn Sie Angestellte haben, die nicht einfach nur dem Erfolg hinterherjagen, sondern auch etwas bewirken wollen, bleibt es nicht aus, dass diese Leute neue Visionen in die Firma hineinbringen – solange diese ihnen den Freiraum dazu gibt. Das tut einem Unternehmen sicherlich gut und ich halte das auch für wichtig, aber im Grunde kann das Ziel, Bedeutung zu erlangen, immer nur von einzelnen Individuen für sich selbst erreicht werden – von Multimillionären wie von Leuten mit geringem Einkommen, von Berufsanfängern wie von Direktoren, von jungen Leuten und von solchen, die schon etwas älter sind, von Menschen, die entschlossen daran glauben, dass Erfolg mehr sein muss als ein neuer Jaguar oder ein Büro mit Blick auf den See.

Wir bekommen eine neue Perspektive, wenn wir einen Teil unseres Lebens dafür verwenden, anderen neue Hoffnung zu bringen. Während der letzten 25 Jahre haben wir unser Haus mit einem Mann geteilt, der den Großteil seiner Kindheit in Heimen verbracht hat. Ron hatte kein eigenes Zuhause. 1974 luden wir ihn zu Weihnachten zu uns ein und irgendwie ist er seitdem geblieben – inzwischen lebt er länger bei uns als unsere Kinder. Kurz nachdem er zu uns gekommen war, bekam er eine Stelle als Müllmann. Das sorgte in unserer Nachbarschaft für einiges Aufsehen. Einige in der Gegend hatten vielleicht einen eigenen Koch oder Gärtner, aber niemand hatte einen eigenen Müllmann.

Kurz darauf wurde ich Partner einer Anwaltskanzlei und bekam einen Mercedes. Ohne zu viele Worte über mein altes Auto zu verlieren, kann ich Ihnen versichern, dass das eine immense Steigerung bedeutete. Ich brannte nur darauf, jemandem den neuen Wagen vorzuführen, und ich wollte, dass derjenige mächtig beeindruckt war. Meine Wahl fiel auf Ron. Während er sich den Gurt anlegte und sich umblickte, sagte ich: „Das ist ein Mercedes Benz." Ich legte den Gang ein und schwebte davon. Und dann, ich konnte einfach nicht anders, legte ich lässig einen Finger auf das Lenkrad und drehte es mühelos. Ron schien das nicht sehr zu beeindrucken. „Das nennt man Servolenkung", erklärte ich ihm.

„Ich weiß, Rob, das haben wir in unseren Müllwagen auch", war seine Antwort.

Ron war früher obdachlos gewesen, heute hilft er gelegentlich bei der Suppenausgabe in der Innenstadt aus, um anderen Obdachlosen zu helfen. Eines Abends fiel mir auf, dass er alte Schuhe trug.

„Ron, was ist denn mit deinen neuen Schuhen passiert?", fragte ich.

„Ach, die habe ich jemandem geschenkt. Ich spare jetzt für ein neues Paar."

Ich bin mir sicher, dass kaum jemand Ron als erfolgreich bezeichnen würde, aber für mich ist er das. Er arbeitet seit über 25 Jahren, hat dabei genug gespart, um die Welt zu bereisen, in Australien war er sogar schon zweimal, er hat eine Fußballmannschaft trainiert und hat das erreicht, was vielen niemals gelingt: Sein Leben hat Bedeutung.

Viele von uns haben das Problem, dass wir einfach zu beschäftigt sind, um über solche Dinge nachzudenken. Aber manchmal kommen verschiedene Ereignisse zusammen, die uns ein wenig auf die Sprünge helfen. Vor einigen Jahren hielt ich eine Vortragsreihe vor mehreren Hundert Geschäftsmännern. Ganz hinten im Saal bemerkte ich einen Mann, der eine Zeit lang regelmäßig zu unseren Seminaren gekommen und dann längere Zeit nicht mehr aufgetaucht war. In der Kaffeepause bahnte ich mir einen Weg zu ihm und sagte ihm, dass ich ihn schon vermisst hätte. Er sagte, er habe vor zwei Jahren einen schweren Verkehrsunfall gehabt. Sechs Monate lang hatte er um sein Leben gekämpft und anschließend war er noch ein weiteres halbes Jahr bettlägerig gewesen. Während er mir das erzählte, hatte ich den Eindruck, dass diese schreckliche Zeit dennoch etwas Gutes in seinem Leben bewirkt haben musste, und ich entschied mich, ihn zu fragen, ob ich mit meiner Vermutung richtig lag.

„Hatte dieses Unglück trotzdem irgendwelche positiven Auswirkungen?"

Er antwortete, ohne zu zögern. „Ja, sogar zwei. Zum einen wurde ich mir klar darüber, wie wichtig mir meine Frau und Kinder sind. Vor dem Unfall hatte ich immer

Fotos von ihnen dabei, um nicht zu vergessen, wie sie aussehen. Zum anderen sagten mir die anderen Partner im Büro, dass ich in den letzten sechs Monaten meiner Rekonvaleszenz, als ich die ganze Zeit ans Bett gefesselt war, von größerem Nutzen für die Firma war als in der ganzen Zeit, die ich vorher im Büro verbracht habe. Zum ersten Mal seit 25 Jahren hatte wenigstens einer von uns endlich einmal Zeit zum Nachdenken."

Aus demselben Grund kann man eine bestimmte Art von Ratschlägen, die in fast jedem Zeitmanagementkurs gegeben werden, getrost in den Wind schlagen, und zwar handelt es sich um Ratschläge wie die folgenden: „Machen Sie immer das Beste aus Ihrer Zeit. Hören Sie während des Autofahrens motivierende Kassetten, nehmen Sie immer etwas Arbeit mit, die Sie erledigen können, wenn Ihr Flugzeug Verspätung hat oder ein Meeting verschoben wird."

Da wir nun langsam zum Ende kommen, möchte ich Ihnen noch einen Rat geben, der allein dieses Buch schon sein Geld wert sein lässt. Wenn Sie das Glück haben, ein paar freie Sekunden zu erleben, in denen Sie nicht ans Telefon müssen oder in denen keiner an Ihre Bürotür klopft, weil er „nur kurz" eine Frage hat, dann kosten Sie diesen Moment aus. Wenn Sie am Flughafen warten, widerstehen Sie dem Druck, sofort Ihr Handy herauszuholen oder sich Ihren Unterlagen zu widmen. Tun Sie nicht einmal so, als seien Sie beschäftigt. Gehen Sie lieber einen Kaffee trinken, suchen Sie sich eine ruhige Ecke und genießen Sie den Luxus, *nicht* das „Beste" aus Ihrer Zeit machen zu müssen. Denken Sie einfach nach.

Der Mangel an „Zeit zum Nachdenken" – Zeit, an Rosen zu riechen, Pläne zu schmieden, Visionen und Träumen nachzugehen, die wirklichen Prioritäten zu überdenken – ist einer der Gründe dafür, dass so viele Unternehmen nicht vom Fleck kommen. Und dass zu Beginn eines Zeitmanagementkurses mindestens fünf Prozent der Teilnehmer telefonisch absagen, weil sie einfach zu viel zu tun haben.

Während Sie mit Ihrem Kaffee so dasitzen und nachdenken, gehen Sie mit mir gedanklich doch noch einmal zurück zu der Bibliothek, in der alles begann, und zu der Frage des jungen Mannes an den alten „Hausmeister": „Was heißt es, Erfolg zu haben – ist es möglich, erfolgreich zu sein und trotzdem ein ausgeglichenes Privatleben zu führen?"

Vor einigen Jahren war ein Freund von mir, ein freier Buchhalter, an Bord eines zweimotorigen Flugzeugs mit dem Ziel Chicago. Die Maschine gehörte zur Hälfte seinem Schwager Rich und zur anderen Hälfte dem Piloten. Während des Fluges notierte sich Matthew einige seiner Lebensziele. Die meisten waren materieller Natur und, wie er glaubte, ohne größere Probleme zu erreichen. Sie drehten sich um das Geld, das er in den folgenden zehn Jahren verdienen wollte, darum, an welcher Stelle sein Name als der einer der Partner auf dem Firmenpapier stehen und welchen Wert das Haus haben würde, in dem er dann lebte. Rich schaute ihm interessiert zu und bat dann: „Matthew, so etwas brauche ich auch. Hilf mir doch, für mein Leben auch einige solcher Ziele zu formulieren." Matthew tat nichts lieber als das – er war erfolgreich, er war ein „Macher", und außerdem bekam er gerade einen Freiflug spendiert.

Doch in diesem Moment drehte sich der Pilot zu ihnen um und sagte: „Rich, wir haben ein Problem mit dem Motor."

Matthew erzählte später, er habe fühlen können, wie sich innerhalb einer Sekunde die Atmosphäre im Flugzeug veränderte. Sie verloren an Höhe. Der Pilot drehte sich erneut um, seine Stimme etwas angespannter als zuvor: „Rich – das Warnlicht ist an."

Die Worte, die Matthew als Nächstes hörte, klangen, als kämen sie aus einer anderen Welt, von einem anderen Ort, jedenfalls nicht von dem Ort, an dem vor einem Moment noch alles so normal, so sicher zu sein schien. Rich sagte: „Mach den Motor aus."

Matthew erzählte mir, dass in dem Moment sein Blick für den Bruchteil einer Sekunde auf die eben von ihm verfassten Lebensziele auf seinem Schoß gefallen sei. Dann schaute er aus dem Fenster, sah, wie der Propeller stehen blieb, und blickte wieder auf seine Liste. „Das sind nicht meine Ziele“, flüsterte er atemlos. „Ich habe größere Ambitionen. Ich will ein besserer Vater sein, ein besserer Ehemann. Ich möchte diese Welt in einem etwas besseren Zustand verlassen, als ich sie vorgefunden habe.“

Inzwischen hatten sie bereits die Wolken durchstoßen und konnten die Landebahn sehen. Sie wussten alle drei, dass es nicht einfach werden würde. Es ist sehr schwierig, eine zweimotorige Maschine mit nur einem Motor zu landen. Es gibt Piloten, denen es nie gelingt. Matthew erzählte mir: „Als wir im Landeanflug waren, sah ich Feuerwehr- und Rettungswagen herbeifahren, und dann fiel mir etwas auf, das wie ein gewaltiger Schneepflug aussah. Das Flugzeug landete hart, hüpfte und rutschte, aber schließlich blieb es stehen. Ich dachte, mir springt das Herz aus der Brust. Ich drehte mich zu Rich um und fragte: ‚Wozu ist dieser Schneepflug?‘

‚Matthew‘, antwortete er mir ganz ruhig, ‚wegen unseres kleinen Problems hier drehen eine Meile über uns mehrere Jumbos Warteschleifen. Wenn wir's nicht geschafft hätten, hätten sie uns schnell von der Landebahn schieben müssen.‘“

Ich kann nicht wirklich sagen, ob Matthew heute für diese Erfahrung dankbar ist, aber ich denke schon. Er war auch weiterhin in seinem Beruf sehr erfolgreich, aber dieser Erfolg bestimmte sein Leben nicht mehr so wie früher. Dabei hatte er nicht aufgehört, seinen Beruf zu lieben, aber er sah ihn nun im Zusammenhang mit seinem *ganzen* Leben. Jesus Christus hat es so formuliert: „Was nützt es einem Menschen, wenn er die ganze Welt gewinnt, dabei aber sein Leben einbüßt?“ (Markus 8,36)

Diese Erfahrung an einem Julitag vor mehr als 20 Jahren veränderte die Zukunft meines Freundes. Was für eine Vorstellung – *die Zukunft ändern*. Dieser Ausdruck stammt von dem Soziologen Alvin Toffler. Er hat gesagt: „Es stimmt: Wenn wir aus der Geschichte nicht lernen, müssen wir sie wiederholen. Aber wenn wir die Zukunft nicht ändern, müssen wir sie aushalten, und das ist vielleicht noch schlimmer.“

Die Sache mit der Zukunft bestimmte auch die Gedanken des vielleicht berühmtesten Geschäftsmannes aller

Zeiten – Ebenezer Scrooge aus Charles Dickens' „Weihnachtsmärchen". Man sollte fairerweise vielleicht sagen, dass er trotz seiner bestens laufenden Geschäfte, seiner rund laufenden Produktion und seines beständigen Geldflusses ein paar schlimme Tage durchmachen musste. Er dachte, er wäre einen schwierigen Partner losgeworden, aber wie so mancher seitdem feststellen musste: Schwierige Partner verschwinden nicht einfach so.

Der Geist von Marley zeigte Scrooge eine Vision der kommenden Jahre. Und was er dort sah, erschütterte ihn: Da stehen die Krücken des kleinen Tim neben dem Ofen, aber sie haben nun keinen Besitzer mehr. Scrooge sieht, wie seine eigenen Besitztümer unter Leuten verteilt werden, die ihn nie respektiert haben. Schließlich führt ihn der Geist an einen Grabstein, und als er das Moos abkratzt, sieht er, dass es *sein* eigener Name ist, der darauf steht. In diesem traumatischen Moment stellt Ebenezer Scrooge, der Geschäftsmann schlechthin, der Mann, dessen Erfolg in vielerlei Hinsicht unserer Vorstellung von Erfolg entspricht, die wichtigste Frage, die er je geäußert hat: „Sind das die Schatten der Dinge, die geschehen *werden*, oder sind es die Schatten der Dinge, die geschehen *können*? ... Bitte sag mir doch, dass ich diese Schatten noch ändern kann." Anders ausgedrückt: Ist es zu spät, die Zukunft zu verändern?

Aber brauchen wir denn wirklich erst so einen dramatischen Zwischenfall, um klarer zu sehen und einen etwas anderen Weg einzuschlagen? Müssen wir uns alle erst in kleine Flugzeuge drängen oder von Geistern heimgesucht werden, die uns auf eine Rundreise durch die Zukunft mitnehmen, damit wir die richtigen Prioritäten setzen? Hoffentlich nicht, denn eines steht fest: Wenn uns etwas wirklich wichtig ist –, so wichtig, dass wir, wenn wir im Alter zurückblicken, sagen können wollen: „Das habe ich getan, so bin ich gewesen" –, dann müssen wir den Prozess der Veränderung beginnen und *heute* einen Samen pflanzen.

Und wir müssen vielleicht auch akzeptieren, dass die 120-jährige Jeanne Calment Recht hatte: Die Zukunft ist sehr, sehr kurz.

Die Frage des jungen Mannes an den „Hausmeister" steht noch immer im Raum: „Ist es möglich, geschäftlich Erfolg zu haben, ohne im Privatleben zu verlieren?" Es gibt bestimmt Tausende junger Männer und Frauen, die durch die Bibliotheken unserer Universitäten wandern und sich genau diese Frage stellen.

Aber vielleicht ändern sich die Dinge auch schon. Es hat den Anschein, dass unsere Wirtschaftsschulen sich langsam daran gewöhnen, dass ein Mensch in der Wirtschaft nützlicher ist als ein „Arbeitstier". Ein Vertreter der Universität Harvard sagte kürzlich: „Wir interessieren uns natürlich auch weiterhin für Themen wie Ambition und Motivation. Aber gleichzeitig beschäftigt uns auch die Umsetzung jener Qualitäten, die die Menschheit vielleicht etwas fahrlässig übersieht – Werte, die Fähigkeit nachzudenken, Beziehungen – *all das, was einen zum Menschen macht.*"[19]

Bei meinen Seminaren bitte ich das Publikum manchmal, 60 Sekunden lang einfach mal still zu sein. Normalerweise widerspricht niemand, aber es gibt immer welche, die sich schon nach 20 Sekunden sichtlich unwohl fühlen. Diese Leute rutschen auf ihrem Stuhl hin und her, klopfen mit den Fingern oder gucken besorgt um sich. Erst nachdem ich diese Übung einige Male durchgeführt hatte, dämmerte mir der Grund für dieses Verhalten: Diese Menschen waren *in ihrem ganzen Erwachsenenleben* noch nicht eine Minute still gewesen. Sie hatten nie in einem ruhigen Zimmer gesessen, waren in einem Park spazieren gegangen oder hatten einfach mal Zeit für sich gehabt.

Ich hoffe natürlich, dass Ihnen dieses Buch Freude gemacht hat, auf jeden Fall aber haben Sie beim Lesen etwas gemacht, das die meisten Menschen in einem 40-jährigen Arbeitsleben nicht tun. Sie haben sich ein paar Stunden Zeit genommen, um sich zu fragen: „Wozu das alles?", „Für wen mache ich das eigentlich?", und vor allem: „*Warum* mache ich das überhaupt?" Vielleicht sind es gerade diese Fragen, die das Wesen des Erfolges ausmachen.

Ein alter Professor hätte da jedenfalls nicht widersprochen.

Anmerkungen

[1] "The Quality of Working Life: 1998 Survey of Managers' Experiences". Herausgegeben vom *Institute of Management.*

[2] *Financial Times*, Ausgabe vom 24. September 1998.

[3] *The Times*, Ausgabe vom 22. Januar 2000.

[4] Arlie Hochschild: „Keine Zeit. Wenn die Firma zum Zuhause wird und zu Hause nur Arbeit wartet", Vs Verlag für Sozialwissenschaften 2002.

[5] Charles Handy: „Ohne Gewähr", Dr. Th. Gabler Verlag 2002.

[6] ebd.

[7] Anita Roddick: „Body and Soul", Econ 1991.

[8] Stephen R. Covey: „Die sieben Wege zur Effektivität," Heyne 2000.

[9] Anita Roddick: „Body and Soul", Econ 1991.

[10] Vortrag von Theodor Roosevelt an der Sorbonne am 23. April 1910.

[11] "The Quality of Working Life: 1998 Survey of Managers' Experiences". Herausgegeben vom *Institute of Management.*

[12] *Financial Times*, Ausgabe vom 24. September 1998.

[13] *Accountancy Age*, Ausgabe vom 25. Januar 2001.

[14] *Law Society Gazette*, Ausgabe vom 11. Mai 2001.

[15] *Law Society Gazette*, Ausgabe vom 14. Juni 2001.

[16] Sir Kenneth Cork: „Cork on Cork“, Macmillan 1988.

[17] ebd.

[18] Dale Carnegie: „Wie man Freunde gewinnt. Die Kunst, beliebt und einflussreich zu werden“, Scherz 2002.

[19] *New York Times*, Ausgabe vom 7. Dezember 2000.

Herausforderungen, die Leben verändern

Entdecken Sie die drei Bestseller von John Ortberg, die schon Tausende von Lesern begeistert und ihr Glaubensleben herausgefordert haben.

Geistliche Übungen neu entdeckt. Modern und straßentauglich.

John Ortberg
Das Leben, nach dem du dich sehnst
Hardcover, 240 Seiten
Bestell-Nr. 657 243

Was könnte alles in Ihrem Leben geschehen, wenn der Glaube an diesen Gott und seine Liebe vom Kopf in Ihr Herz »rutschen« würde!

John Ortberg
Die Liebe, nach der du dich sehnst
Hardcover, 240 Seiten
Bestell-Nr. 657 316

Eine Einladung, im Glauben loszugehen und mehr von Gottes Gegenwart und Kraft zu erleben.

John Ortberg
Das Abenteuer, nach dem du dich sehnst
Hardcover, 240 Seiten
Bestell-Nr. 657 407